Sunny Graff • Birgit Rieger

W0083572

Selbstverteidigung kannst du lernen!

Sunny Graff • Birgit Rieger

Mädchen sind unschlagbar

Selbstverteidigung kannst du lernen!

Ravensburger Buchverlag

Bildnachweis

Aktiv gegen Männergewalt – Münchner Kampagne
gegen Männergewalt an Frauen, Mädchen und Jungen.
Fotos: A. Fulda/Edzard Probst: 8, 53, 80

Edzard Probst: 11, 12, 15, 29, 36, 43, 45, 55, 56, 57,
58, 59, 73, 93, 96, 99, 112, 115, 117, 119, 121, 124;
IFA: 7; PhotoDisc: 65, 76, 95, 111; PVM/Nitz: 31;
WDV/Toncar: 21; MEV/Mike Witschel: 103

Die Deutsche Bibliothek – CIP-Einheitsaufnahme

Ein Titeldatensatz für diese Publikation ist bei
Der Deutschen Bibliothek erhältlich

Die Schreibweise entspricht den Regeln
der neuen Rechtschreibung.

4 3 2 1   04 03 02 01

Übersetzung des Originaltextes aus dem
Amerikanischen: Eva Schweikart
Illustrationen: Birgit Rieger
Umschlagfoto (vorne): © Wartenberg/PICTURE PRESS Life
Umschlagfotos (hinten): PhotoDisc
Umschlaggestaltung: Klaus Bender
Layout: Caroline Krämer
Redaktion: Jeanette Stark-Städele/Sabine Zürn
Printed in Germany
ISBN 3-473-35885-1

www.ravensburger.de/buchverlag

Inhalt

Starke Mädchen **schützen** sich

Nur wer die Gefahren kennt ...

Sexuelle Gewalt gegen Mädchen kommt häufig vor – das ist eine Tatsache. Jede Vierte erfährt dies am eigenen Leib. Immer wieder wird in den Medien darüber berichtet.

Selbst wenn du das Glück hast, nie Opfer eines sexuellen Übergriffs zu werden, beeinflusst diese Angst dein Leben. Du traust dich zum Beispiel nicht, abends allein auszugehen.

Auch Eltern sind sich dieser Gefahren bewusst und beschützen deshalb ihre Töchter oft mehr als die Söhne. Sie sehen es lieber, wenn ein Mädchen die Freizeit zu Hause verbringt. Viele

Eltern glauben, ein Gespräch über sexuelle Gewalt würde ihrer Tochter nur Angst machen. Oft stehen sie dem Thema auch hilflos gegenüber, weil sie kaum eine Ahnung haben, wie man den Gefahren vorbeugen kann. Sie warnen ihre Tochter höchstens davor, sich von fremden Männern ansprechen zu lassen oder zu Unbekannten ins Auto zu steigen. In Wirklichkeit aber sind Angriffe von Fremden eher selten. Viel häufiger ist der Täter jemand, den das Mädchen kennt. Und deshalb ist sie im Ernstfall völlig unfähig, mit der Situation umzugehen. Doch nur wer die wirklichen Gefahren erkennt und schnell zu handeln weiß, kann sich schützen.

Selbstverteidigung — was ist das?

Wenn du den Begriff „Selbstverteidigung" hörst, denkst du
vielleicht an starke, außergewöhnliche junge Frauen, die
in manchen Fernsehsendungen mit ausgefeilter Kampftechnik
Bösewichte und Spione zur Strecke bringen. Doch in Wirklichkeit ist Selbstverteidigung keineswegs solchen Superfrauen
vorbehalten. Selbstverteidigung bedeutet vielmehr schlicht
und einfach das, was in dem Wort selbst steckt: sich selbst
verteidigen. Und das kann jedes Mädchen!

Selbstverteidigung bedeutet nicht, dass du ...

... dir komplizierte Kampftechniken aneignen musst
... dich zu Hause einschließt und einsame Park-
anlagen meidest.
... eine Reihe von Regeln befolgst, die mit „du
darfst nicht" beginnen.

Selbstverteidigung bedeutet vielmehr, dass du ...

... dir bestimmte Verhaltensweisen aneignest, mit
denen du dir bei anderen Respekt verschaffst.
... deine Verletzlichkeit abbaust und zugleich dein
Selbstbewusstsein aufbaust.
... Stärke ausstrahlst; denn dann kannst du dich
überall uneingeschränkt aufhalten und frei
bewegen.
... verschiedene Verteidigungsmöglichkeiten kennst,
um auch bei einem überraschenden Angriff schnell
handeln zu können, ohne in Panik zu verfallen.
... dir im Voraus überlegst, welche Situationen gefährlich werden können
und wie du reagieren könntest.
... weißt, an wen du dich nach
einem sexuellen Übergriff oder
einer Vergewaltigung wenden
kannst.

Täter suchen Opfer

Ein Sexualtäter will ein unterwürfiges Opfer – keines, das sich aktiv zur Wehr setzt. Bevor er ein Mädchen angreift, testet er für gewöhnlich erst einmal auf relativ harmlose Weise, ob sie sich wehren wird oder nicht. Er zählt dabei auf ihre Naivität, Unerfahrenheit und Hilflosigkeit. Erkennst du solches Verhalten als erste Stufe eines Angriffs und weißt, wie du am besten darauf reagierst, kannst du den Angriff meist abwenden.

Wissen schützt!

Je mehr du über sexuelle Gewalt weißt und je mehr Möglichkeiten der Gegenwehr du kennst, desto unwahrscheinlicher ist es, dass du Opfer eines solchen Angriffs wirst. Wichtig ist, dass du dir deine Ängste bewusst machst, deine Umgebung aufmerksam beobachtest, deinen Gefühlen traust und stets einen Plan hast, wie sich ein Angriff verhindern oder zumindest erschweren lässt. Selbstsichere Mädchen, die genau wissen, dass nur sie über ihren eigenen Körper zu bestimmen haben, und die dieses Recht entschlossen verteidigen, sind keine leichten Opfer.

WARUM EIN SELBSTVERTEIDIGUNGSBUCH?

Mit den Gefahren sexueller Gewalt musst du leben – wie alle Mädchen und Frauen. Aber du musst nicht zum Opfer werden. Wenn du Selbstbewusstsein ausstrahlst, dich behaupten und dir in allen Situationen Respekt verschaffen kannst, bist du weniger gefährdet. Außerdem musst du lernen, gefährliche Situationen frühzeitig zu erkennen und dich im Notfall auch tatkräftig zu wehren wissen. Doch diese Verhaltensweisen werden dir nicht in die Wiege gelegt. Im Gegenteil: Auch heute noch werden Mädchen oft zu Passivität und Fügsamkeit erzogen. Deshalb musst du dich mit diesem Thema bewusst auseinander setzen und Schritt für Schritt Selbstbehauptung und Selbstverteidigung erlernen. Dabei wird dir dieses Buch helfen.

Die
Gesellschaft
und du

Eingeprägt: Frauen als Sexobjekte

Viele Leute glauben, sexueller Gewalt könne man nicht vorbeugen. Das stimmt aber nicht. Mit aufmerksamem Blick sind die Einflüsse, die solch gewaltsames Verhalten erzeugen und fördern, überall erkennbar.

In den Medien werden junge Frauen häufig als Sex- und Lustobjekte dargestellt. Reklamespots zeigen sie in verführerischen Posen, ganz gleich, ob damit Toilettenpapier oder ein luxuriöser Sportwagen verkauft werden soll. Männern wird dadurch der Eindruck vermittelt, Frauen seien käuflich.

In Songtexten und Musikvideos sind Sex und Gewalt oft miteinander verknüpft: Die Frauen sind die Opfer und sexuelle Eroberer gelten als Helden.

Ausgegrenzt: Wer nicht der Norm entspricht

Auch Rassismus, Antisemitismus und Vorurteile gegen Behinderte, Dicke, Schwule und Lesben sind in unserer Gesellschaft an der Tagesordnung. Wenn du gegen solches Verhalten nicht protestierst, nimmst du es passiv hin. Gehörst du zum Kreis der Betroffenen, akzeptierst du mit deinem Stillschweigen die Opferrolle und bist viel eher Angriffen ausgesetzt. Und wenn du tatsächlich angegriffen wirst, wehrst du dich nicht, sondern gibst dir womöglich selbst die Schuld.

Zum Opfer erzogen?

Von Mädchen wird erwartet, dass sie Erwachsenen gegenüber stets freundlich, höflich und respektvoll sind. Sie sollen rücksichtsvoll sein, die Bedürfnisse anderer vor die eigenen stellen und immer lächeln, auch wenn's schwer fällt. Und so lernen sie, nett und fügsam zu sein – das ideale Opfer!
Mädchen wird in der Regel nicht beigebracht, dass sie Rechte haben. Sie lernen nicht, für sich selbst einzutreten, sich bei anderen Respekt zu verschaffen und zu kämpfen, wenn sie angegriffen werden. Das wird ihnen leicht zum Verhängnis.

Männer sind stark, Frauen sind schwach?

Während Frauen in Filmen immer wieder die machtlosen Opfer sind, werden Männer als unerschrockene Kampfmaschinen gefeiert. Ob sie nun eine steile Treppe hinabgestoßen werden, eine Latte über den Kopf gezogen bekommen oder über den Tresen geschleudert werden und inmitten zerberstender Flaschen landen – sie stehen sofort wieder auf und sind bereit zum Weiterkämpfen. Für Männer sieht das Rollenmodell vor, dass sie eins draufbekommen und zurückschlagen. Frauen dagegen brechen bei jeglicher Bedrohung sofort zusammen und fügen sich dem Angreifer. Gelegentlich stirbt auch einmal ein Fernsehheld, aber immer erst nach tapferem, verbissenem Kampf. Nie sieht man einen Mann auf dem Bildschirm betteln, flehen, die Hände ringen, nach Luft schnappen und kreischen, Frauen aber sehr wohl. Und diese Bilder prägen uns.

WAS KANNST DU TUN?

Darstellungen von Gewalt gegen Mädchen und Frauen solltest du nicht billigen oder unterstützen. Kaufe keine CDs mehr, auf deren Cover geschlagene oder gefolterte Frauen gezeigt werden. Gehe nicht mehr zu Konzerten von Gruppen, die mit ihren Texten Frauen diskriminieren. Sieh dir keine Kinofilme mehr an, in denen Frauen „zum Spaß" vergewaltigt werden. Beschwere dich, wenn Behinderten der Zugang verweigert wird, wenn Ausländer benachteiligt oder wenn Juden, Lesben oder Schwule bedroht werden. Wer schweigt, stimmt zu!

Achtung: Falle: das Rollenmodell

Für Mädchen und Frauen sieht das typische Rollenmodell weder Stärke noch Willenskraft vor. Doch von diesen Bildern musst du dich freimachen. Wenn du nicht selbst davon überzeugt bist, dass du dich gegen einen Mann wehren kannst, der dich vergewaltigen will, wirst du es im Ernstfall wahrscheinlich gar nicht erst versuchen. Deshalb musst du diese Rollen, die dir tagtäglich vorgespielt werden, ständig hinterfragen und sie als das enttarnen, was sie sind: dumme Klischees, die Frauen schwach halten sollen.

Ein anderer Blickwinkel

Mache dir klar, dass du als Mädchen nicht „von Natur aus" machtlos bist. Wenn du das nächste Mal einen Film siehst, in dem eine Frau das Opfer ist, stelle dir folgende kritische Fragen:

1. Hat die gezeigte Gewaltszene etwas mit dem Handlungsverlauf zu tun oder wirkt sie eher zufällig und dient hauptsächlich der „Unterhaltung"?

2. Entspricht die Darstellung einem Klischee? Das heißt: Ist das Opfer jung und sexy und wird es von einem Unbekannten überfallen und macht keinerlei Anstalten, sich aktiv zu verteidigen?

3. Hätte die Frau etwas tun können, um den Angriff zu verhindern oder abzuwehren?

4. Wird die Gewalt als prickelnd und aufregend dargestellt?

5. Macht es dich wütend, wenn du siehst, wie Frauen als einfältige, hilflose Opfer gezeigt werden?

6. Hat der Film eine rassistische Tendenz, weil der Angreifer beispielsweise Schwarzer, Türke oder Araber ist?

Nun stelle dir die Gewaltszene einmal umgekehrt vor, mit dem Mann in der Rolle des Opfers. Wahrscheinlich kommt es dir total lächerlich vor, dass ein Mann sich passiv verhält. Warum aber sollte dieses Verhalten für Frauen „normal" sein? Dafür gibt es absolut keinen einleuchtenden Grund.

Kein Stress mit der Schönheit

Zum von Männern geprägten Frauenbild gehört
auch, dass Mädchen und Frauen schön
und schlank sein sollen. Und viele Mädchen
streben fraglos nach diesem Ideal und
investieren oft ihre ganze Energie – und auch
eine Menge Geld! – in den aussichtslosen
Kampf gegen die Pfunde. Die Folge sind nicht
selten schwere Ess-Störungen, ein gestörtes
Selbstbild und mangelndes Selbstbewusstsein.
Hinterfrage dieses Ideal doch besser. Lass
dich nicht zum Objekt und zum Opfer irgend-
welcher Männerbilder machen! Ist nicht ein
durchtrainierter, kräftiger und gesunder Körper
viel schöner? Du sollst dich wohl fühlen in
deinem Körper! Mädchen, die regelmäßig Sport
treiben, sind meist ausgeglichen und selbstbewusst.
Und sie sind keine Opfertypen!

Angst macht schwach

Deine Angst ist die wirksamste Waffe, die ein
Angreifer hat. Untersuchungen haben ergeben, dass Mädchen und Frauen, die bei einem
Angriff verängstigt reagieren, meist passiv
bleiben. Sie setzen sich also nicht zur Wehr
und werden deshalb Opfer der Gewalt. Reagiert
das Mädchen oder die Frau dagegen wütend,
dann ist sie aktiv und eher bereit zu kämpfen.
Dadurch hat sie gute Chancen, dem Angreifer zu entkommen.
Für dich bedeutet das: Du musst die Opferrolle
durch Selbstbewusstsein und deine Angst
durch Wut ersetzen, wenn du dich erfolgreich
verteidigen willst.

Stell's dir vor:
Wenn du wieder Filme und
Zeitungsartikel siehst, in
denen es um sexuelle
Gewalt geht, überlege dir,
wie du vermeiden könn-
test, in eine ähnliche
Situation zu geraten, und
was du tun könntest, um
dich daraus zu befreien.
Indem du dir vorstellst, du
würdest selbst angegriffen
und setztest dich erfolg-
reich zur Wehr, stärkst du
dein Selbstbewusstsein.

Sexuelle Gewalt

Sexuelle Belästigung ist alltäglich. Die meisten Mädchen und Frauen sind schon einmal angemacht worden, haben Pfiffe und Anzüglichkeiten erlebt oder sind betatscht worden. Darüber wird in den Medien kaum berichtet. Doch durch das stumme Dulden dieser Diskriminierung wird der Weg geebnet zur sexuellen Gewalt. Über einzelne Fälle von Kindesmissbrauch oder Vergewaltigung wird dann zwar reißerisch berichtet, doch insgesamt stellt dieses Thema immer noch ein Tabu dar. Und so existieren viele falsche Vorstellungen, die Mädchen zum Verhängnis werden können.

EHRUNG

Die Kriminalpo
warnt:

Vorsitzende der
ine Verdienste
enschlichkeit

Vergewaltiger auf
freiem Fuß!
Der 37-jährige Huber
verurteilt wegen mehr

Falsche Vorstellungen ...

„Das sieht man dem schon an"
Die Medien vermitteln häufig den Eindruck, Vergewaltiger seien auffällige Typen mit Narben, Bart, Tätowierungen, irrem Blick oder offensichtlich gestörtem Verhalten. Tatsächlich aber sehen sie so normal aus wie jeder andere Mann und sind nicht an bestimmten äußeren Merkmalen erkennbar. Sie sind auch nicht irre, sondern haben ihre fünf Sinne beisammen und wissen sehr genau, was sie machen.

„Der Täter ist immer ein Fremder"
Wenn ein Fremder ein Mädchen missbraucht oder getötet hat, berichten die Medien ausführlich darüber und nähren damit die Angst vor dem „bösen Unbekannten". Doch nur in sechs von hundert Fällen ist der Täter ein Fremder.

„Mädchen legen es darauf an ..."
Natürlich wollen Mädchen attraktiv wirken und auch Aufmerksamkeit wecken. Doch sie wollen dabei als Persönlichkeit wahrgenommen werden und nicht als bloßes Sexualobjekt.

... und die Fakten

„Zu Hause passiert es am häufigsten"

Die meisten Fälle von Missbrauch und Vergewaltigung kommen in der Verwandtschaft und im engeren Bekanntenkreis vor. Durch die enge Beziehung zwischen Täter und Opfer und die psychische Abhängigkeit besteht eine hohe Wahrscheinlichkeit, dass sich diese sexuelle Gewalt über einen längeren Zeitraum hinzieht. Dies ist besonders schlimm.

„Es sind viele!"

Laut der Kriminalstatistik der Bundesrepublik Deutschland wurden im Jahre 1996 249 minderjährige Mädchen vergewaltigt. Doch die wirklichen Zahlen liegen viel höher, denn die meisten Taten bleiben im Verborgenen. Schätzungen gehen davon aus, dass jedes vierte Mädchen Opfer sexueller Gewalt wird.

DICHTUNG...
» Der Täter lauert in einsamer Dunkelheit. «

WENN NICHT BALD EIN OPFER VORBEIKOMMT, HABE ICH KEINE LUST MEHR !

UND **WAHRHEIT:**
Der Haupttatort ist die Wohnung!

„Starke Mädchen sind weniger gefährdet"

100 %igen Schutz vor sexuellen Übergriffen gibt es nicht. Doch ein selbstbewusstes Auftreten und klare Grenzsetzung schrecken Täter ab.

Selbstverteidigung –
deine beste Waffe

Als Mädchen bist du gefährdet – das steht außer Frage. Doch du kannst dich schützen. Wenn du die wirklichen Gefahren erkennen lernst, gerätst du erst gar nicht in problematische Situationen. Und durch dein bestimmtes, selbstsicheres Auftreten strahlst du aus: „Rühr mich nicht an." Darüber hinaus solltest du dich aber auch schlagkräftig zu wehren wissen. Das lernst du in einem Selbstverteidigungskurs.

Welche Kurse gibt es?

Für Mädchen gibt es die unterschiedlichsten Selbstverteidigungskurse. Leider sind nicht alle gleichermaßen gut. Du solltest darauf achten, dass es in dem Kurs tatsächlich um Selbstverteidigung geht und nicht in erster Linie um Kampfkunst. Kurse in Judo, Taekwondo und Karate werden oft unter der Bezeichnung „Selbstverteidigung" angeboten. Sie haben jedoch andere Schwerpunkte, das sind in erster Linie sportliche Zielsetzungen.

Was bringt ein Kurs?

Jedes Mädchen sollte einen Kurs in Selbstverteidigung machen. Dort lernst du dich verbal, das heißt mit Worten, und körperlich zu verteidigen. Außerdem werden diese Fähigkeiten in der Gruppe trainiert. Dabei entdeckst du möglicherweise Stärken an dir selbst, von denen du bisher nichts geahnt hast.

Am besten besuchst du den Selbstverteidigungskurs zusammen mit einer Freundin oder deiner Schwester. Dann könnt ihr später über das Gelernte sprechen und gemeinsam üben. Kurse werden von Frauenzentren, Jugendklubs, Volkshochschulen usw. organisiert.

Der **optimale** Kurs

1. Zunächst einmal sollte der Kurs so angelegt sein, dass du als Teilnehmerin ermutigt und nicht etwa abgeschreckt wirst.

2. Ob der Kurs acht bis zehn Doppelstunden umfasst und einmal pro Woche stattfindet oder nur ein Wochenende dauert, spielt keine Rolle. Viel wichtiger sind der Kursinhalt und die Art und Weise, wie dieser vermittelt wird.

3. Die Kursleiterin sollte eine Spezialausbildung in Selbstverteidigung für Mädchen und Frauen haben.

4. Eine gute Kursleiterin informiert darüber, welche Ursachen sexuelle Gewalt gegen Mädchen hat und welche Formen sexueller Gewalt es gibt.

5. Körpersprache, verbale Verteidigungsmöglichkeiten und Rollenspiele sollten ebenso zum Kursinhalt gehören wie einfache körperliche Abwehrtechniken.

6. Auch andere Formen der Diskriminierung wie Rassismus sollten behandelt werden.

Eine Selbstverteidigungslehrerin in deiner Gegend findest du, wenn du dich an die Frauenselbstverteidigungs- und Kampfkunstschule wendest (Adresse im Anhang).

Kampfkunst

Eine Form der Kampfkunst zu erlernen ist durchaus lohnend und macht Spaß, kann aber einen guten Selbstverteidigungskurs nicht ersetzen. Wenn du bei deinem Selbstverteidigungskurs festgestellt hast, dass dir das körperliche Training liegt, kannst du dich anschließend für eine bestimmte Kampfkunst entscheiden und deine Technik der körperlichen Verteidigung weiterentwickeln. Jede Richtung hat einen anderen Schwerpunkt. Bei Jiu-Jitsu, Judo, Aikido und Hapkido werden hauptsächlich Wurf- und Falltechniken trainiert, bei Taekwondo und Karate geht es um Tritt- und Schlagtechniken. Was dir am meisten zusagt, findest du am besten selbst heraus.

WO LIEGT DER UNTERSCHIED?

Im Kampfsport steht das Erlernen einer speziellen Technik im Vordergrund. Die Ziele sind: Körperbeherrschung, geistige Entwicklung und Vervollkommnung des Charakters. Da es sich dabei um Sportarten handelt, bei denen Fairness im Vordergrund steht, werden bestimmte Techniken, die zum Beispiel auf den Unterleib oder die Augen abzielen, als zu brutal ausgeklammert. Deshalb sind diese Techniken oftmals unzureichend für die Selbstverteidigung von Frauen. Darüber hinaus, und das ist ganz wichtig, fehlt bei den Kampfsportarten die psychische Vorbereitung auf eine bedrohliche Situation, zum Beispiel die Überwindung der Angst und Passivität.

Selbstbehauptung –
setz dich durch!

Hör auf dein **Gefühl!**

Ein Mann, der ein Mädchen sexuell missbrauchen will, rechnet im Allgemeinen nicht mit Widerstand.
Er will aber auch kein Risiko
eingehen. Deshalb testet er
erst einmal, ob das Opfer, das
er ins Auge gefasst hat, sich verteidigt oder
nicht.
Erfahrungen von Mädchen und Frauen sowie
Untersuchungen zum Thema „Sexuelle
Gewalt und Selbstverteidigung" haben ergeben, dass die Betroffenen meist vor dem
eigentlichen Angriff merken, dass etwas
nicht stimmt. Verdrängen sie das ungute Gefühl und reagieren
nicht, sieht der Mann das als Ermunterung zum Weitermachen
an. Es ist deshalb wichtig, den eigenen Gefühlen zu vertrauen,
sie ernst zu nehmen und sofort zu handeln.

Entschlossen handeln, statt hilflos abwarten

Manchmal ignorieren Mädchen ihre Ängste, weil sie nicht wissen,
wie sie im Ernstfall reagieren sollen. Sie setzen ihre Hoffnung
darauf, dass der Angreifer aufgibt und sie in Ruhe lässt. Damit
zeigen sie aber ihre Hilflosigkeit und genau das erwartet der
Mann. Er hat vor, das Mädchen anzugreifen. Das
wird er auch tun, es sei denn, sie gebietet ihm
Einhalt.

Auch abwarten und hoffen, dass jemand dich
aus der misslichen Lage befreit, hat keinen
Sinn. Daher ist es wichtig, dass du weißt, wie
du selbst einen Angriff abwehren kannst, und
dass du deine Möglichkeiten nutzt. Je früher du reagierst, desto besser stehen deine
Chancen, heil aus der Situation herauszukommen.

GEFAHR IN VERZUG?

Ob eine Situation gefährlich für
dich wird, merkst du, indem du
auf deine Gefühle achtest. Hast
du „ein komisches Gefühl im
Bauch"? Dann solltest du es auf
keinen Fall verdrängen, sondern
schnell reagieren. So kannst
du die Gefahr im Keim ersticken.

Dem vermutlichen Verfolger plötzlich entgegengehen, schafft ein Überraschungs-moment. Vorbeigehen und rasch einen Kontrollblick zurückwerfen, zeugt von Überlegenheit.

PROMPT REAGIERT

Die 17-jährige Fadime war eines Abends gerade dabei, im Hof hinter ihrem Wohn-block ihr Fahrrad abzu-schließen. Als sie aufblickte, sah sie einen Mann auf sich zukommen. Fadime hatte sofort ein ungutes Gefühl. Sie schaute weg und ver-suchte erst einmal ihre Angst zu verdrängen.

Weder die Kleidung noch das Aussehen des Mannes waren irgendwie auffällig. Und schließlich gab es genug ein-leuchtende Gründe, weshalb er in ihre Richtung kam. Vielleicht wohnte er im glei-chen Haus und hatte sein Rad neben ihrem abgestellt.

Vielleicht wollte er nur nach der Uhrzeit oder nach dem Weg fragen. Das ungute Gefühl blieb aber, und Fadime wurde klar, dass sie sofort handeln musste, um einen möglichen Angriff abzuwen-den. Noch bevor der Mann sie erreicht hatte, wandte sie ihm das Gesicht zu, sah ihm fest in die Augen und rief laut: „Gehen Sie weg! Lassen Sie mich in Ruhe!" Der Mann war völlig perplex. Er wandte sich um und ging in der Gegenrichtung davon. Fadime hatte mit ihrer kla-ren Reaktion eine Situation abgewendet, die ihr hätte gefährlich werden können.

Verwirrende Situationen

Manchmal kannst du deine Gefühle nicht so recht einordnen und bist unsicher, ob du überhaupt etwas sagen darfst. Mache dir in solchen Situationen klar, dass jeder Mensch das Recht hat, selbst über seinen Körper zu bestimmen. Du allein entscheidest, wer dich anfassen darf und wer nicht. Und du allein entscheidest, wann und mit wem du dich sexuell einlassen willst. Niemand hat das Recht, dich zu etwas zu zwingen, was du nicht willst.

Was willst du?

Wenn dir eine Situation unangenehm ist, fragst du dich vielleicht: „Was will der Junge/der Mann von mir? Warum fasst er mich an? Will er nur nett sein oder hat er was ganz anderes im Sinn?" Eigentlich aber muss die Frage lauten: „Was will ich?" Wenn du auf deine Gefühle achtest und dir selbst eine klare Antwort auf diese Frage gibst, kannst du besser mit der Situation umgehen.

KÜSS DOCH DIE TANTE!

EIN KÜSSCHEN HIER

Von kleinen Kindern wird ganz selbstverständlich erwartet, dass sie sich von Verwandten oder Freunden der Eltern auf den Arm nehmen und küssen lassen. Wenn sich ein Junge dann gegen diese Zärtlichkeiten wehrt, gilt das als normal. Mädchen aber sollen sich fügen. So lernen sie die Bedürfnisse und Wünsche anderer vor die eigenen zu stellen. Und das ist in diesem Fall sicher falsch.

… EIN KÜSSCHEN DA

Was würdest du tun?

● Im Bus sitzt ein Mann neben dir und legt seinen Arm über die Rückenlehne deines Platzes. Du weißt nicht, ob er das macht, um dir näher zu kommen oder ob es einfach nur bequem für ihn ist. Deshalb bist du unsicher, ob du etwas sagen darfst. Frage dich in dieser Situation: „Was will ich?" Wenn die Antwort lautet: „Ich will, dass er den Arm wegnimmt, weil es mich stört", dann sage zu ihm: „Nehmen Sie bitte Ihren Arm weg. Mich stört das."

Angst vor falscher Beschuldigung?

Wenn du dich unsicher fühlst, hast du wahrscheinlich Angst, du könntest einen Mann beschuldigen, der gar nicht vor hatte, dich anzugreifen. Überlege dir, wie ein freundlicher Mann, der dir nicht zu nahe treten will, in einer solchen Situation reagieren würde. Der Mann im Bus aus dem Beispiel oben könnte sagen: „Tut mir Leid, ich wollte dich nicht stören", und seinen Arm wegnehmen. Ihm war vielleicht gar nicht bewusst, dass er dir zu nahe gekommen ist.

JETZT FRAGE ICH MICH SEIT DREI STATIONEN, WARUM DER SICH SO BREIT MACHT – UND DER MERKT IMMER NOCH NICHT, DASS ER MICH STÖRT!

Keine falsche Rücksicht!

Auch wenn ein Mann sich ohne jede Absicht so verhält, dass du dich unbehaglich fühlst, ist es in Ordnung, etwas zu sagen. Du musst keinesfalls eine Situation hinnehmen, die dir unangenehm ist. Sage höflich, aber eindeutig, was dir unangenehm ist. Ist der Mann freundlich, richtet er sich nach dem, was du willst. Ist er unfreundlich und rücksichtslos, hast du nichts zu verlieren, wenn du etwas sagst. Warum solltest du auf einen Mann Rücksicht nehmen, dem es offenbar egal ist, wie du dich fühlst?

Lieber einmal **zu viel,** als **einmal** zu wenig ...

Manchmal verhalten sich Mädchen in unangenehmen Situationen passiv, weil sie befürchten, sie könnten überreagieren und sich dadurch blamieren. Doch wer für sich selbst und seine Rechte eintritt, blamiert sich niemals – das solltest du dir klarmachen!

Wenn du ein ungutes Gefühl oder Angst hast, kommt das nicht von ungefähr. Etwas an der Situation oder am Verhalten des Mannes löst diese Empfindungen bei dir aus. Also sind sie berechtigt. In anderen Situationen oder in Gegenwart anderer Männer hast du solche Gefühle schließlich nicht.

DEIN RECHT AUF SICHERHEIT

Du brauchst keinen „Beweis", dass der Mann dich angreifen will. Warte daher auf keinen Fall ab, bis es tatsächlich so weit ist. Es ist dein gutes Recht, dich jederzeit und überall sicher zu fühlen. Wenn du also handelst, um eine Situation zu entschärfen, die dir bedrohlich vorkommt, kann das niemals falsch sein. Es ist richtig für dich – und nur das zählt.

EIN UNGUTES GEFÜHL

Die 16-jährige Ulrike war mit Freunden im Freibad. Dort lernte sie Reiner, einen älteren Jungen aus einer anderen Schule kennen. Sein Interesse an Ulrike war nicht zu übersehen und auch Ulrike fand ihn attraktiv, nett und witzig. Am Abend wollte Reiner sie unbedingt mit dem Auto nach Hause fahren. Obwohl Ulrike in der Gruppe gern mit ihm zusammen gewesen war, wollte sie nicht mit ihm allein sein. Sie hatte einfach ein komisches Gefühl. Ulrike folgte ihrem Gefühl, lehnte freundlich, aber entschieden ab und sagte, sie wolle lieber mit ihren Freunden nach Hause gehen. Reiner versuchte sie zu überreden. Als Ulrike bei ihrer Entscheidung blieb, wurde er ausfällig und handgreiflich ihr gegenüber. Sein plötzlicher Wutausbruch bestätigte Ulrike, dass sie sich richtig verhalten hatte, als sie auf ihr Gefühl hörte.

Wenn Angreifer ihre **Absichten** leugnen

Wenn ein Mann dich bedrängt und du sein Verhalten beim Namen nennst und sagst, er solle damit aufhören, behauptet er wahrscheinlich, er habe überhaupt nichts von dir gewollt. Er dreht einfach den Spieß um und versucht dir die Schuld zu geben. Lass dich davon nicht verunsichern.

BELÄSTIGT

Petra nimmt gerade ein Bad, als ihr älterer Stiefbruder ins Badezimmer kommt. Er mustert sie grinsend von Kopf bis Fuß. Petra ahnt, dass er sie belästigen will. Aber sie weiß, dass sie eine Situation, die ihr unangenehm ist, nicht stillschweigend hinnehmen muss. Deshalb sagt sie mit lauter Stimme: „Geh sofort raus und belästige mich nie wieder. Ich sage Mutti, was du gemacht hast."

Natürlich wird der Bruder sein Vorhaben abstreiten. Aber Petra hat richtig gehandelt und gewonnen. Sie hat ihren Stiefbruder mit seinem Verhalten konfrontiert. Sie hat ihm klar und deutlich zu verstehen gegeben, dass sie keinerlei sexuelle Belästigung dulden und auf jeden Fall ihre Mutter informieren wird.

Du kannst nur **gewinnen**

Wenn du das Verhalten des Angreifers beim Namen nennst, gibst du ihm zweierlei zu verstehen. Erstens: Du durchschaust seine Absicht. Zweitens: Du wirst nicht über sein Verhalten hinwegsehen und es schon gar nicht stillschweigend hinnehmen. Der Betreffende weiß dann, dass du kein leichtes Opfer bist. Wenn du also deinem Gefühl entsprechend handelst und deinen Ärger oder deine Wut äußerst, reicht das oft aus, damit der Angreifer dich ein für alle Mal in Ruhe lässt.

Wie läuft ein Angriff ab?

Damit du dich erfolgreich zur Wehr setzen kannst, musst du wissen, wie ein Angriff abläuft. Wenn du dir diese Situation ganz deutlich vor Augen führst, kannst du im Ernstfall sicher reagieren. Denn alle Angriffe auf Mädchen oder Frauen laufen mehr oder weniger nach dem gleichen Muster ab. Selbst bei Angriffssituationen, die für das Opfer völlig unerwartet sind, hat der Täter sein Vorgehen genau geplant.

Stufe 1 Der Angreifer malt sich in seiner Fantasie aus, wie er ein Opfer sexuell „erobert". Das Opfer betrachtet er als schwach und hilflos, sich selbst als überlegen und stark. Er stellt sich vor, wie er sich an ein Mädchen heranmacht, sie an eine einsame Stelle bringt und dort vergewaltigt. Er plant, wie er sich ihr Schweigen sichert und wie er entkommen kann. Der Angreifer hat seine Fantasie völlig unter Kontrolle.

Stufe 2 Der Angreifer sucht sich ein Opfer aus. Dabei ist ihm jedes Mädchen recht, solange es seiner Fantasie entspricht. Er braucht ein hilfloses Opfer, dem er sich überlegen fühlen kann und das sich nicht verteidigen wird. Dabei kann es sich um ein Mädchen aus seiner unmittelbaren Umgebung handeln, um ein „Zufallsopfer", das eben gerade im passenden Moment vorbeikommt, oder er sucht sich bewusst ein Mädchen aus, das ihn nicht kennt.

Stufe 3 Der Angreifer testet bei seinem Opfer, ob es sich wehren wird. Er starrt das Mädchen beispielsweise aufdringlich an, berührt „zufällig" ihre Brust oder legt ein Pornoheft an eine Stelle, wo sie es „finden" wird, oder er macht eine obszöne Bemerkung. Wenn das Mädchen auf sein Verhalten unsicher reagiert oder stillschweigend darüber hinweggeht, fühlt er sich zum Weitermachen ermuntert.

Stufe 4 Der Angreifer bringt das Mädchen in seine Gewalt, isoliert sie und vergewaltigt sie. Er bedroht sie für den Fall, dass sie jemandem etwas sagt.

Wie **verhindert** man einen Angriff?

In seiner Fantasie hat der Vergewaltiger Macht über sein Opfer und diese Macht will er auch in Wirklichkeit. Merkt er, dass du bereit bist, dich zu verteidigen, wird er dich kaum als Opfer auswählen. Selbstbewusste Mädchen, die ihre Rechte kennen und einfordern, schrecken mögliche Angreifer ab.

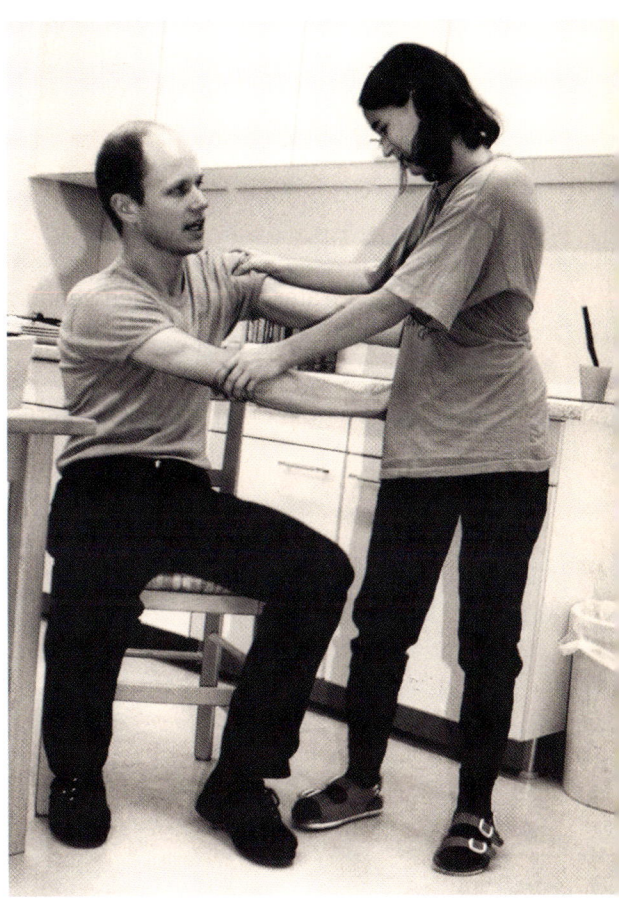

DURCHGESETZT

Die 14-jährige Mira erzählte im Selbstverteidigungskurs, dass der beste Freund ihres Vaters sie bei jedem Besuch umarmte und küsste. Mira fand die Zärtlichkeiten unangenehm, hatte sie aber bisher stillschweigend geduldet. Der Mann tat ihr Leid und sie meinte, nicht das Recht zu haben, etwas zu sagen.
Im Selbstverteidigungskurs lernte Mira die Frage zu stellen: „Was will ich?" Ihre Antwort war eindeutig: Sie wollte, dass der Mann damit aufhörte. Bei Rollenspielen im Kurs übte sie ihr Anliegen überzeugend vorzubringen. Schließlich fühlte sie sich stark genug, es auch dem Mann gegenüber zu tun.

Überleg mal:

Kennst du Jungen und Männer, in deren Nähe dir unbehaglich zu Mute ist? Stehen dort, wo du dich mit deinen Freundinnen aufhältst, erwachsene Männer herum und beobachten euch? Suchen sie den Umgang mit jungen Mädchen statt mit Frauen ihres Alters? Kennst du jemanden, der dich auf eine Weise anschaut oder anfasst, die dir zuwider ist?

Gemeinsam handeln

Wenn ein Junge in deiner Umgebung abfällig über Mädchen redet oder sie obszön anmacht, sprich das Thema doch im Kreis deiner Freundinnen einmal an. Vielleicht hast du dich bisher gescheut etwas zu sagen, weil du dachtest, alle anderen fänden den Betreffenden nett oder störten sich nicht an seinem Verhalten. Vermutlich stellt sich im Gespräch heraus, dass deine Freundinnen genauso empfinden wie du. Ihr solltet dann gemeinsam überlegen, wie ihr den Jungen mit seinem Verhalten konfrontieren könnt, damit er sich euch gegenüber zukünftig anders verhält.

DEIN NOTFALLPLAN

Für möglicherweise gefährliche Situationen solltest du immer einen Plan haben. Stelle dir vor, jemand würde dich im nächsten Moment angreifen.

Was kannst du tun? Wo ist der nächste Ausgang? In welche Richtung rennst du am besten davon? Kannst du dich eventuell in ein Zimmer einschließen? Ist jemand in der Nähe, der helfen kann? Wer kann dich hören, wenn du um Hilfe rufst oder ein Fenster einschlägst? Welche greifbaren Gegenstände kommen als Waffen in Frage?

- Lege dir jedes Mal, wenn du dich unbehaglich fühlst, einen Plan zurecht. Tritt dann tatsächlich einmal der Ernstfall ein, bist du vorbereitet und machst automatisch das Richtige.
- Je besser du vorbereitet bist und je mehr Selbstbewusstsein du ausstrahlst, desto unwahrscheinlicher ist es, dass du deinen Plan tatsächlich ausführen musst.

Hau ab! Wehr dich mit Worten

Klar erkannt und prompt reagiert

Viele Mädchen verteidigen sich bei einer Anmache oder einem Übergriff nicht. Sie suchen vielmehr nach einer einleuchtenden Erklärung für das Verhalten eines Angreifers. Aber das ist falsch: Jede Belästigung, jeder Angriff muss als das benannt werden, was es ist. Keine Entschuldigung, kein Abwarten: Erkenne die Situation, benenne sie und reagiere sofort!

PACKT EUCH MITSAMT EUREN DURCHGEKNALLTEN HORMONEN!

KEINE ANMACHE!

Irmi wurde im Bus von zwei älteren Jungen belästigt, die sie angafften und obszöne Bemerkungen machten. Sie war fest entschlossen sich nicht in die Opferrolle drängen zu lassen. Also nahm sie ihren ganzen Mut zusammen und drehte sich zu den beiden um. Anfangs fühlte sie sich unsicher und ihre Stimme zitterte, als sie zu ihnen sagte: „Lasst mich in Ruhe." Die beiden lachten nur. Da fühlte Irmi Wut in sich aufsteigen und ihre Stimme wurde laut, klar und fest: „Hört sofort auf, mich zu belästigen!" Die beiden Jungen waren völlig verdutzt und hörten tatsächlich auf.

Nur nicht auffallen?

Oft scheint es, als gäbe es nur zwei extreme Möglichkeiten zu reagieren: Entweder du nimmst das Verhalten des Jungen oder Mannes stillschweigend hin oder du gehst in die Luft und machst eine Riesenszene. Vielleicht ziehst du nicht gern die Aufmerksamkeit anderer auf dich und neigst zu passivem Verhalten. Dann lässt du dir alle möglichen Bemerkungen und Übergriffe gefallen, die dir zuwider sind. Die Angst aufzufallen bringt dich zwangsläufig in die Opferrolle.

In Wirklichkeit aber gibt es zwischen dem passiven Hinnehmen und dem unkontrollierten Wutausbruch noch jede Menge anderer Möglichkeiten.

Ruhig und **bestimmt** auftreten

Du solltest von Jungen und Männern grundsätzlich erwarten, dass sie dich respektieren. Gewöhne dir an, sie sofort zurechtzuweisen, wenn sie es nicht tun. So hast du unangenehme oder bedrohliche Situationen von Anfang an im Griff und kannst verhindern, dass sie sich zuspitzen. Wenn du deinem Gegenüber fest in die Augen siehst und mit ruhiger Stimme sprichst, reicht das meist aus, um die Belästigung zu stoppen oder eine möglicherweise gefährliche Situation abzuwenden.

Fühlt sich der Angreifer provoziert?

Erscheint dir eine Situation gefährlich, hast du vielleicht Angst, überhaupt etwas zu sagen. Du denkst, das könnte den Angreifer gegen dich aufbringen. Doch gerade, wenn du dich bedroht fühlst, ist eine sofortige Reaktion wichtig! Vielleicht testet der Mann gerade, ob du dich bei einem tatsächlichen Angriff wehren würdest oder nicht. Du musst deshalb möglichen Angreifern klar zu verstehen geben, dass du kein hilfloses Opfer bist. Und wenn du mutig für dich eintrittst, gibt dir das selbst ein Gefühl von Stolz, Stärke und Befriedigung.

VERPISS DICH !

AUSGETESTET

Oft kommt es vor, dass ein Junge oder ein Mann das vorgesehene Opfer erst einmal mit einer abgemilderten Form der Belästigung testet. Er will sehen, wie das Mädchen reagiert. Wirkt sie unsicher, senkt sie den Blick und verteidigt sich nicht, geht er davon aus, dass sie sich auch bei einem tatsächlichen Angriff nicht zur Wehr setzen wird.

Passiv, aggressiv oder selbstbewusst?

Verhaltensweisen, die die Rechte oder die persönliche Sphäre eines Menschen ohne Rücksicht auf dessen Wünsche oder Gefühle verletzen, nennt man aggressiv.

Dazu zählen auch Belästigungen durch Jungen oder Männer. Wenn jemand nicht auf seinen Rechten oder seinen persönlichen Grenzen besteht, sondern stillschweigend zulässt, dass andere sie verletzen, nennt man sein Verhalten passiv. Mädchen haben eine ganze Reihe passiver Verhaltensweisen gelernt, die es ihnen erschweren, wirkungsvoll für sich selbst einzutreten.

WAS DIE LEUTE SAGEN

Auch heute noch halten es viele Leute für selbstverständlich, dass ein Mädchen sich nicht wehrt. Wenn sie sich doch verteidigt – auch ohne ausfallend zu werden –, wird ihr Verhalten oft als aggressiv hingestellt. Starke, selbstbewusste Mädchen werden manchmal sogar kritisiert statt unterstützt. So etwas macht dich zwar traurig und wütend, darf dich aber nicht davon abhalten, dich selbst zu behaupten.

Ein selbstbewusstes Mädchen kennt ihre Rechte. Sie will und kann angemessen auf jegliche Verletzung dieser Rechte oder ihrer persönlichen Sphäre reagieren.

LÄCHERLICH GEMACHT

Die 14-jährige Maya war mit Freundinnen im Freibad, als ein etwa gleichaltriger Junge sie unter Wasser packte und versuchte die Träger ihres Bikinioberteils herunterzuziehen. Maya wehrte sich heftig und begann dann in ihrer Wut den Jungen wegen seiner Pickel und seiner dicken Brillengläser lächerlich zu machen.

Dass Maya energisch auf den Angriff reagiert hat, ist grundsätzlich richtig. Wenn ein Mädchen aber respektiert werden möchte, sollte sie anderen gegenüber nicht ausfallend werden. Maya hat den Jungen persönlich angegriffen und sich über seine Sehschwäche lustig gemacht. Damit lenkt sie vom eigentlichen Problem ab, nämlich von der Verantwortung des Jungen für sein Verhalten. Was er sich ihr gegenüber herausgenommen hat, wäre ebenso beleidigend, wenn er der bestaussehende Junge der Welt wäre. Dass er Maya angegriffen hat, ist zu kritisieren, nicht dass er Pickel hat und eine Brille trägt. Weit besser wäre es also gewesen, Maya hätte das Verhalten des Jungen und nicht sein Aussehen thematisiert.

oink!

MIT ODER OHNE PICKEL: SCHWEIN BLEIBT SCHWEIN!

Dein Ziel ist es,

passives Verhalten durch Selbstbewusstsein zu ersetzen. Aggressives Verhalten ist beleidigend und deshalb für dich nicht erstrebenswert. Du kannst Jungen oder Männer durchaus mit ihrem eigenen aggressiven Verhalten konfrontieren, ohne dabei selbst aggressiv zu werden.

Allerdings kann es zu Beginn des Lernprozesses passieren, dass dich die Wut überkommt, weil du vielleicht deinen Ärger jahrelang immer nur hinuntergeschluckt hast. Möglicherweise beschimpfst du dann einen Belästiger oder greifst ihn persönlich an, statt dich auf sein beleidigendes Verhalten zu konzentrieren.

So trittst du selbstbewusst auf

Selbstbewusstsein äußert sich in deiner Haltung, deiner Ausstrahlung und deiner Sprache. Die Art und Weise, wie du mit dem Angreifer sprichst, ist genauso wichtig wie das, was du sagst. Damit er dich ernst nimmt, musst du ihn mit fester Stimme laut ansprechen und ihm dabei in die Augen sehen. Stimme, Körpersprache und Botschaft müssen eine Einheit bilden.

Klar und eindeutig

Steht dein Verhalten im Widerspruch zu deinen Worten, kommt die Botschaft nicht an. Wenn du zum Beispiel mit lauter Stimme sagst: „Lass mich in Ruhe!", dabei aber lächelst, unruhig von einem Fuß auf den anderen trittst oder den Blick senkst, ist die Wirkung deiner Worte gleich null. Versuche doch mal jemandem klarzumachen, dass du ihn gern magst, wenn du ihm mit geballten Fäusten und wütendem Blick gegenüberstehst!

Ruhig und präzise

Nimm dir Zeit, dein Anliegen klar und deutlich zu formulieren. Auch wenn du den Angreifer am liebsten zornig anschreien würdest, solltest du versuchen, mit ruhiger, fester Stimme zu sprechen. Sprichst du undeutlich oder zu schnell, kommt die Botschaft nicht überzeugend an. Atme tief durch und konzentriere dich, bevor du etwas sagst.

Keine Bitten Formuliere dein Anliegen nicht als Bitte, sondern als Aufforderung. Der Satz „Nimm deine Hand da weg" ist eine unmissverständliche Aufforderung. Sagst du dagegen: „Würdest du bitte deine Hand von meiner Brust nehmen, wenn's dir nichts ausmacht?", dann hat der Angreifer den Eindruck, es stünde ihm frei, ob er deiner Bitte nachkommt oder nicht.

Keine Phrasen Vorn oder hinten an den Satz angehängte Phrasen, wie: „Nun komm schon, hör auf mich zu belästigen" oder „Hör auf mich zu belästigen, hast du verstanden?", schwächen die Aussage ab. Sie kommt dann nicht mehr überzeugend an. Solche phrasenhaften Formulierungen verwendet man ganz automatisch. Achte im Alltag einmal genau darauf, wie du dich ausdrückst, und gewöhne dir solche Phrasen ab. Eine direkte Ausdrucksweise kommt dir in jeder Hinsicht zugute, nicht nur, wenn du dich verteidigen musst.

Keine Fragen Stelle dem Angreifer keine Fragen. Eine Aufforderung, zum Beispiel: „Hör sofort auf mich zu belästigen", wirkt viel kraftvoller als Formulierungen wie: „Spinnst du? Was fällt dir ein, mich zu belästigen?" – „Was hat deine Hand da auf meinem Schenkel verloren?" Fragen ziehen Antworten nach sich und führen zu unnützen Diskussionen. Auch die Betonung und die Wortwahl spielen eine wichtige Rolle. Wenn du zum Beispiel sagst: „Lass mich in Ruhe", und am Ende des Satzes die Stimme hebst, klingt er wie eine Frage oder eine Bitte.

„Ich sage, was ich meine!"

Wenn du dich von einem Jungen oder Mann bedrängt fühlst und ihn zurechtweisen willst, drücke dich also klar und deutlich aus, sonst kommt es leicht zu unnützen Diskussionen.
Sage zum Beispiel:

HILFLOS

Die 14-jährige Vera hatte auf das Baby eines befreundeten Ehepaars aufgepasst. Als der Mann sie nach Hause fuhr, legte er ihr den Arm um die Schultern. Vera: „Mir wäre es lieber, wenn Sie das nicht machen würden." Der Mann: „Was denn?" Vera: „Sie wissen schon." Der Mann: „Was meinst du? Ich mache doch überhaupt nichts." Vera: „Ich mag das aber nicht." Der Mann: „Was magst du nicht?" Während sie redeten, streichelte der Mann die ganze Zeit Veras Schulter und tastete sich immer näher an ihre Brust heran. Vera fühlte sich vollkommen hilflos. Sie wusste nicht, wie sie die Situation beenden konnte.

Hätte Vera das Verhalten des Mannes beim Namen genannt und ihn aufgefordert damit aufzuhören, hätte sie die Belästigung im Keim ersticken können, zum Beispiel auf folgende Weise: Vera: „Nehmen Sie sofort Ihre Hand weg." Der Mann (nimmt die Hand weg): „Schon gut. Reg dich nicht auf. Ich hab's ja nicht so gemeint." Vera: „Fassen Sie mich nie wieder an." In diesem Fall hätte Vera sich klar und unmissverständlich ausgedrückt. So hätte sie die Situation beendet und möglicherweise einen Angriff verhindern können.

Keine Angst vor Öffentlichkeit!

Du kannst einen Jungen oder einen Mann für sein Verhalten öffentlich verantwortlich machen. In diesem Fall sagst du so laut, dass andere es hören können, was er macht.

Er rechnet damit, dass du vor lauter Angst still bist. Wenn du stattdessen eine Riesenszene machst, bringt das seinen Plan durcheinander. Je mehr Leute durch dein Schreien und Schimpfen aufmerksam werden, desto eher wird er sein Vorhaben aufgeben.

IN ALLER DEUTLICHKEIT

Die 16-jährige Regina wartete an der Bushaltestelle, als ein Mann ihr anbot, sie nach Hause zu fahren. Sie sagte laut und deutlich: „Lassen Sie mich in Ruhe." Aber der Mann ließ nicht locker. Regina hob die Stimme, sodass alle Umstehenden sie hören konnten, und sagte: „Der Mann hier belästigt mich! Er lässt mich nicht in Ruhe!" Als der Mann merkte, dass die anderen Leute auf ihn aufmerksam wurden, ging er rasch weg.

Wenn er ausfällig wird ...

Wenn du das Verhalten eines Jungen oder Mannes öffentlich machst, wird er vielleicht ausfällig und beschimpft dich. Darauf brauchst du nicht einzugehen. Betrachte seine Reaktion als Beweis dafür, dass du völlig Recht gehabt hast. Du wirst ihn ohnehin nicht zur Einsicht bringen – schon gar nicht vor anderen Leuten. Verzichte in einem solchen Fall lieber darauf, das letzte Wort zu haben, auch wenn der Betreffende weiterhin gemeine Bemerkungen macht. Setze einen Schlusspunkt. Dass du sein Verhalten nicht schweigend hingenommen hast, ist dein Erfolg.

VOLLTREFFER!

Direkt und deutlich –
in jeder Situation

Manchmal ist es keine plumpe Anmache, sondern ein vorsichtiger Annäherungsversuch eines Jungen, der dich verunsichert. Du findest ihn ja ganz nett – aber auch nicht mehr. Aber du willst ihm auch nicht wehtun. Trotzdem gilt: sofort klare Verhältnisse schaffen und ehrlich sagen, was Sache ist.

ZARTE ANNÄHERUNG?

Bei einem Schulfest forderte Dieter Maren zum Tanzen auf. Nachdem die beiden eine Zeit lang miteinander getanzt hatten, setzten sie sich, tranken etwas und unterhielten sich. Dieter zog Maren an sich und fing an sie zu küssen. Maren waren seine Zärtlichkeiten unangenehm. Daher sagte sie, sie müsse mal eben auf die Toilette. Als sie zehn Minuten später wiederkam, wartete Dieter auf sie und machte genau da weiter, wo er aufgehört hatte.

Direkt und ehrlich zu sein, ist nicht immer einfach, besonders in Situationen wie dieser. Dieters Verhalten ist eigentlich keine sexuelle Belästigung, viel eher eine Annäherung, die Maren nicht will. Trotzdem muss Maren sofort sagen, dass sie sich auf dieser Ebene nicht mit ihm einlassen will, und darf keinesfalls durch Passivität seine Hoffnungen nähren.

EIN CRASH-KURS IN KÖRPERSPRACHE KÖNNTE DIR EINE MENGE ÄRGER ERSPAREN!

DAS IST WICHTIG

Wenn du dich mit einem Jungen nicht einlassen möchtest, ist es nur fair, es ehrlich zu sagen. Die Zurückweisung ist zwar für beide Seiten peinlich und unangenehm, aber tausendmal besser, als wenn du ungern mit dem betreffenden Jungen zusammen bist oder ihm aus dem Weg zu gehen versuchst. Bist du direkt und ehrlich, ist die anfängliche Peinlichkeit rasch überwunden und ihr könnt bald wieder normal miteinander umgehen.

Belästigung kennt viele Opfer

Nicht nur als Frau bist du Übergriffen ausgesetzt. Es gibt auch viele andere Formen der Diskriminierung. Wie du damit umgehst, hängt davon ab, ob du zur Gruppe der Betroffenen gehörst oder nicht.

Wenn du betroffen bist

Wenn du wegen deiner Hautfarbe, Religion, Nationalität oder einer Behinderung angemacht wirst, nennst du das diskriminierende Verhalten beim Namen. Du forderst die Person, die dich belästigt, auf, damit aufzuhören – genau wie bei einer sexuellen Belästigung.

Wenn du nicht betroffen bist

Aus der Tatsache, dass Angehörige bestimmter Gruppen (seien es Ausländer, Schwarze, Juden, Behinderte, Dicke, Lesben oder Schwule) benachteiligt werden, ergeben sich stets Vorteile für die Nichtbetroffenen – das solltest du dir klarmachen. Sie haben es beispielsweise leichter, eine Wohnung oder einen Arbeitsplatz zu finden als Mitglieder der diskriminierten Gruppe. Wenn du merkst, dass jemand diskriminiert wird, und du schweigst dazu, stellst du dich automatisch in eine Reihe mit den Nutznießern.

VORURTEILE MACHEN DUMM!

VORURTEILE

Hinter Diskriminierungen kann Absicht stecken, manchmal ist es auch einfach Unwissen – falsch sind sie auf jeden Fall. Wenn jemand mit dir nicht über das Thema diskutieren will, reicht es, den Betreffenden auf sein verletzendes Verhalten aufmerksam zu machen. Ist dein Gegenüber einigermaßen offen, solltest du ihm oder ihr klarmachen, dass jede Diskriminierung auf Vorurteilen beruht. Wer ein Vorurteil hat, verurteilt einen anderen im Voraus, ohne ihn überhaupt zu kennen. Das Vorurteil sagt nichts über den Menschen aus, gegen den es sich richtet, aber umso mehr über den, der es äußert. Es beweist, dass es ihm an Selbstbewusstsein und an Achtung vor anderen Menschen mangelt.

WIE...

Wie reagierst du?

Nachstehend sind einige Situationen aufgeführt, die Mädchen erlebt haben. Stelle dir vor, du wärst die Betroffene, und überlege dir eine wirkungsvolle Reaktion. Übe diese Reaktionen im Rollenspiel mit einer Freundin. Ihr könnt euch gegenseitig Tipps geben, wie ihr euch verbessern könnt. Oder stelle dich beim Üben vor den Spiegel und beobachte selbst deine Körpersprache.

1. Du sitzt in der Straßenbahn. Der Mann neben dir legt die Hand auf deinen Oberschenkel.

2. Eine deutsche Mitschülerin sagt, die Ausländer seien für die Kriminalität in Deutschland verantwortlich.

3. Du lernst mit einem Klassenkameraden bei ihm zu Hause für eine Arbeit. Als ihr fertig seid, versucht er dich zu küssen. Du schiebst ihn weg, aber er hält dich fest.

4. Ein Schüler macht eine antisemitische Bemerkung über einen neuen Klassenkameraden, der nicht anwesend ist: „Ich kann diesen Juden nicht ausstehen und jetzt muss ich ausgerechnet mit dem das Erdkundeprojekt machen."

5. Du machst einen Einkaufsbummel in der Stadt. Ein Mitschüler verfolgt dich. Er spricht dich nicht an, geht aber ständig in einigem Abstand hinter dir her. Immer wenn du ein Geschäft betrittst, wartet er draußen, bis du wieder rauskommst.

6. Zwei Mädchen machen sich über eine Klassenkameradin lustig, weil sie dick ist.

7. Du stehst mit einigen Leuten im Aufzug eines Kaufhauses. Plötzlich spürst du, wie ein Mann hinter dir seinen Penis an deinem Po reibt.

8. Du bist für einige Tage bei deinen Großeltern zu Besuch. Obwohl du die Badezimmertür zugemacht hast, kommt dein Opa herein, als du gerade in der Wanne liegst. Er sagt nichts, schaut dich aber an.

Mädchen schlagen
zurück —
wehr dich mit Händen
und Füßen

Selbstbewusstsein und Körpersprache

Selbstbewusstsein ist deine beste Verteidigung! Überleg einmal, welche Verhaltensweisen den Eindruck vermitteln, dass jemand schüchtern ist oder Angst hat. Diese Verhaltensweisen gilt es abzubauen und durch andere zu ersetzen, aus denen Stärke und Selbstbewusstsein sprechen.

ANGST MACHT KLEIN

Wenn ein Mädchen Angst hat und sich unbehaglich fühlt, lässt sie meist die Schultern hängen, schlägt die Arme um den Körper, macht kleine zögerliche Schritte, schaut zu Boden und spricht mit leiser, zittriger Stimme.

Stelle dir nun vor, wie ein Mädchen aussieht, das stinkwütend ist. Sie richtet sich zu voller Größe auf, ballt die Hände zu Fäusten, macht entschlossene Schritte, hat die Augen gerade nach vorn gerichtet und spricht mit lauter, kräftiger Stimme.

WUT MACHT GROSS!

Jungen — Mädchen

Beobachte die Körpersprache von Mädchen und Frauen und die von Jungen und Männern in deiner Umgebung. Wie viel Raum beanspruchen sie jeweils für sich? Wer verschränkt die Arme? Wer schlenkert mit den Armen? Wer schlägt die Beine übereinander und macht sich klein? Wer sitzt mit gespreizten Beinen da und macht sich breit? Wer weicht beim Gehen anderen aus? Siehst du oft eine Frau zwischen zwei Männern gehen? Und umgekehrt: Wie oft geht ein Mann zwischen zwei Frauen? Wer führt in einer gemischten Gruppe das Wort? Wer bestimmt die Themen? Wer wirkt am selbstsichersten?

Schwächen erkennen

Mache dir diese Unterschiede im körpersprachlichen Verhalten
von Frauen und Männern klar. Richte dann dein Augenmerk vor
allem auf die Mädchen und Frauen in deiner Umgebung. Wie gehen sie normalerweise auf der Straße? Welche Verhaltensweisen
lassen sie stark erscheinen und welche schwach? Wie würdest du
dein Auftreten einschätzen?

Raumgreifend und selbstsicher

Verhaltensweisen, die dich unsicher erscheinen lassen, kannst du
ändern. Versuche mehr Raum einzunehmen. Achte darauf, dass
du beim Stehen oder Sprechen den Körper nicht ständig vor- und
zurückbewegst. Tritt nicht nervös von einem Fuß auf den anderen und nimm die Hände aus den Taschen. Stelle dich so hin, dass
deine Füße eine Schulter breit
auseinander stehen und
dein Körper im Gleichgewicht
ist.

Auch einen selbstsicheren
Gang kannst du üben. Gehe mit
erhobenem Kopf und nimm
die Schultern zurück. Mache
kräftige, gleichmäßige Schritte
und lasse die Arme locker
neben dem Körper schwingen.
Behalte deine Umgebung
im Auge und weiche dem Blick
anderer nicht aus.
Auf diese Weise vermittelst
du den Eindruck, dass du ein
Recht hast, dort zu sein,
wo du gerade bist. Und genau
das hast du auch! Wenn du
dieses Bewusstsein ausstrahlst,
wirst du viel eher respektiert.

Darauf kommt's an:
Blickkontakt

Eine der wichtigsten Fähigkeiten der Selbstbehauptung ist der Blickkontakt. Denn wer mit anderen Blickkontakt hält, wird als stark und selbstbewusst empfunden. Das gilt in allen Lebenssituationen. Überleg mal: Du wirst kaum jemanden von etwas überzeugen können, wenn du ihm dabei nicht in die Augen siehst. Selbst eine laut und deutlich ausgesprochene Botschaft kommt dabei schlechter an.

Doch es ist keineswegs einfach, den Blickkontakt zu halten. Viele Mädchen haben damit Probleme. Aber man kann es üben.

WENN ICH UNSERN TIGER FIXIEREN KANN, DANN SCHAFFE ICH JEDEN!

Ich schau dir fest in die Augen ...

In welchen Situationen fällt es dir schwer, andere direkt anzusehen? Fällt es dir bei Familienmitgliedern und Freunden leichter als bei flüchtigen Bekannten und Fremden? Hast du bei Jungen oder Erwachsenen mehr Mühe damit? Übe den Blickkontakt!
Du kannst dir im Spiegel selbst in die Augen sehen. Aber auch deine Katze oder der Nachrichtensprecher im Fernsehen eignen sich für den Anfang als Übungspartner.

Übe so lange, bis du es schaffst, ihnen über längere Zeit hinweg intensiv in die Augen zu sehen. Danach versuchst du es bei den Leuten, denen du im Alltag begegnest.

Bald wirst du im Gespräch mit Freunden und Bekannten den Blickkontakt halten können. Probiere es nun auch bei den Lehrern, wenn du im Unterricht eine Frage beantwortest. Und danach beim Einkaufen. Im Bus oder in der U-Bahn kannst du den Blickkontakt mit Fremden üben. Wenn du blinzeln oder wegschauen musst, atme tief in den Bauch hinein und versuche es noch mal.

HOCH NACH ...

Vielen Mädchen fällt es schwer, mit einer größeren Person den Blickkontakt zu halten. Rollstuhlfahrerinnen haben dieses Problem ständig. Der Höhenunterschied wirkt sich stets zum Vorteil der größeren Person aus. Wenn du ein paar Schritte zurücktrittst, musst du weniger steil hochschauen. Das macht den Blickkontakt leichter.

... OBEN SCHAUEN?

Atemtechnik

Beim schnellen, flachen Atmen wird das Gehirn nicht ausreichend mit Sauerstoff versorgt. Das hat zur Folge, dass du nicht optimal denken und daher nicht überlegt reagieren kannst. Deshalb verfällst du in Panik.

Bewusst atmen und klar denken

Nimm dir einmal zehn Minuten Zeit und übe das tiefe Atmen in die Körpermitte hinein, in die Gegend unter dem Nabel. Sage dir bei jedem Einatmen, dass du ruhig und gelassen bist. Bei jedem Ausatmen sagst du dir, dass du stark bist und alles kannst, was du willst. Lass diese Gefühle auf dich wirken.

Wenn du in eine unangenehme oder bedrohliche Lage gerätst, atme tief durch und rufe dir diese Gefühle in Erinnerung. Das wird dir helfen, klar zu denken und gezielt zu handeln.

Wehr dich **sofort!**

Wenn du tatsächlich angegriffen wirst, musst du sofort reagieren. Frauen entkommen einem Angreifer am ehesten, wenn sie schreien und sich mit allen Mitteln zur Wehr setzen. Das hat eine Untersuchung ergeben, die 1992 von der Polizei in Hannover durchgeführt wurde. Aus ihr geht hervor, dass in 289 Fällen von (versuchter) Vergewaltigung 84 Prozent der Frauen, die sich massiv zur Wehr setzten, dem Angreifer entkamen. Von den Frauen, die sich nur ansatzweise wehrten, kamen immerhin 67 Prozent davon. So gut wie alle, die sich überhaupt nicht wehrten, wurden vergewaltigt.

GRUNDSÄTZLICH GILT:

Je früher du dich wehrst, desto eher kommst du davon. Wenn dein Instinkt – das Gefühl im Bauch – dir sagt, dass Gefahr in Verzug ist, setze alles daran, so schnell wie möglich wegzukommen.

Bist du mit einem Jungen oder Mann im Auto unterwegs und fühlst dich unbehaglich, sieh zu, dass du möglichst rasch aus dem Auto herauskommst. Warte nicht ab, bis er dich an irgendeine einsame Stelle gebracht hat, wo dir niemand zu Hilfe kommen kann.

Riesenszene

Angreifer suchen sich ein Opfer, von dem sie glauben, dass es sich vor lauter Angst nicht wehrt. Wenn das Mädchen aber eine Riesenszene macht und damit die Aufmerksamkeit anderer Menschen erregt, lässt der Angreifer sie mit großer Sicherheit in Ruhe und versucht schnell zu entkommen.

Der Kampfschrei

Deine erste Reaktion auf einen Übergriff ist lautes Schreien. Dabei klingt ein echter Kampfschrei ganz anders als die hilflosen, hohen Schreie der Opfer, die du aus Fernseh- und Kinofilmen kennst. Ein Kampfschrei kommt aus dem Unterbauch, aus dem Bereich ein paar Zentimeter unterhalb des Nabels. Dort hat die Körperenergie ihren Sitz. Wenn der Schrei von dort kommt, fließt Energie durch den Körper. Sie verleiht dir Spannkraft und macht deine Kampftechnik wirkungsvoller. Dein eigener Kampfschrei spornt dich also im wahrsten Sinne des Wortes an. Er ist das Startsignal, dass du dein Leben verteidigst. Solch ein Schrei alarmiert auch den Angreifer, der eigentlich ein leichtes Opfer wollte. Außerdem zieht er die Aufmerksamkeit anderer auf dich.

SO KALKULIERT DER TÄTER

Wenn ein Mädchen sich gleich zu Beginn wehrt, kann der Angreifer immer behaupten, sie habe die Situation missverstanden und überreagiert. Was er tatsächlich vorgehabt hat, lässt sich kaum beweisen, das heißt, er kommt ungeschoren davon. Dauert die Situation aber an und er belästigt das Mädchen massiv oder vergewaltigt sie, läuft er Gefahr, gefasst und zu einer Gefängnisstrafe verurteilt zu werden. Dessen ist er sich sehr wohl bewusst.

Der Täter hat nicht von vornherein vor, sein Opfer umzubringen. Wenn er es aber tut, dann nach der Vergewaltigung, weil er fürchtet, das Mädchen könnte ihn anzeigen. Am besten wehrst du dich also sofort, damit er erst gar keine Macht über dich bekommt.

Kämpfen — alles ist erlaubt

Entschiedener Widerstand ist das beste Vorgehen. Du musst mit all deiner Entschlossenheit, Wut und Kraft kämpfen. Beim Kämpfen kommt es nicht so sehr auf das „Wie" an. Viel wichtiger ist, dass du kämpfst.

Wenn du dich bedroht fühlst oder dich jemand angreift, kämpfe wild drauflos. Tritte, Schläge, Stöße mit dem Kopf usw. – alles, was dir nützt, ist erlaubt.

ÜBRIGENS

In lebensbedrohlichen Situationen wird das Hormon Adrenalin ins Blut abgegeben. Dieser Stoff macht dich kampfbereit und verleiht dir körperliche Kräfte, wie du sie normalerweise nicht hast.

Wut als Waffe

Wer wütend ist, kämpft entschlossener und hat daher gute Chancen davonzukommen. Dem Angreifer geht es darum, dir Angst einzujagen, damit du dich nicht wehrst und er dich vergewaltigen kann. Wenn du deine Angst in Wut umsetzt, wird sie zu einer Waffe, die seinen Plan zerschlägt. Lege deine ganze Wut und Entschlossenheit in jeden Schrei und jeden Schlag oder Fußtritt. Auf deine Körpergröße und deine Kraft kommt es dabei überhaupt nicht an. Auch die Größe des Jungen oder Mannes spielt im Grunde genommen keine große Rolle. Wenn du Angst hast, kommt dir jeder Angreifer groß vor. Bist du aber wütend, wird seine Größe für dich unwichtig.

Die **Schwachpunkte** des Täters

Wie alt, groß und durchtrainiert der Mann ist, spielt keine Rolle: Augen, Hals und Unterleib sind grundsätzlich empfindliche Stellen. Welche Stellen du in der konkreten Situation angreifst, hängt von deiner Größe und deiner Position ab (das heißt, ob du vor dem Angreifer stehst, sitzt, liegst, hochgehoben wirst usw.) und auch von der Größe des Angreifers und seiner Position. Ferner kommt es darauf an, welche Waffen dir zur Verfügung stehen (Schirm, Buch, Kugelschreiber, Gehstock, Fußstützen des Rollstuhls usw.).

Schlage aber nicht nur mit der Muskelkraft des Arms zu, sondern lege immer dein gesamtes Körpergewicht, deine ganze Kraft und Entschlossenheit in jeden Schlag.

> **SCHLAG RICHTIG ZU!**
> Es darf dir nichts ausmachen, den Angreifer zu verletzen. Rücksicht oder Mitleid sind in solch einer Situation nicht angebracht. Du hast nur ein Ziel: dein Leben zu retten. Und dem Angreifer steht es schließlich frei davonzulaufen, wenn er nichts abbekommen will.

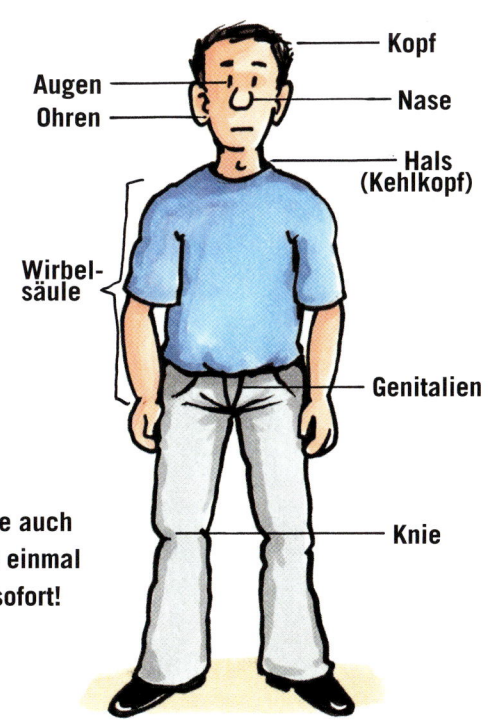

Kopf

Augen
Ohren

Nase

Hals
(Kehlkopf)

Wirbel-
säule

Genitalien

Knie

Das rettet dich:

1. Hör auf dein Gefühl. Wenn dir eine Situation unangenehm ist, entgehe ihr sofort.

2. Warte nicht ab. Warte auch im Zweifelsfall nicht erst einmal ab, sondern wehre dich sofort!

3. Schreie so laut du kannst. So ziehst du die Aufmerksamkeit anderer auf dich und schreckst den Täter ab.

4. Kämpfe mit allen Mitteln, um freizukommen.

5. Wenn du frei bist, laufe sofort davon.

THEMA

Mädchen **schaffen** es!

Frauen und Mädchen, die sich gegen den Täter wehren, haben gute Chancen zu entkommen. Das schaffst du ebenso wie die Mädchen in folgenden Beispielen. Sie haben Situationen erlebt, in denen sie einen wesentlich größeren Angreifer erfolgreich abgewehrt haben.

Die 13-jährige Sabrina wurde von drei Klassenkameraden eingekreist, die sie vergewaltigen wollten. Sie trat um sich und schrie so lange, bis die drei ihr Vorhaben aufgaben.

Die fünfjährige Sophie kämpfte sich mit Fußtritten den Weg frei, nachdem ein erwachsener Mann sie auf einer öffentlichen Toilette in die Enge getrieben hatte.

Die achtjährige Katja schrie gellend und schlug wild drauflos, als ein Mann versuchte ihr die Hose auszuziehen; er ergriff die Flucht.

Die zehnjährige Marie wehrte sich mit Schreien und Tritten erfolgreich gegen einen Mann, der sie in sein Auto zerren wollte.

Die gehbehinderte 14-jährige Jessica, die zu Boden gestoßen worden war, schlug den Angreifer mit ihrem Gehstock in die Flucht.

Wohlgemerkt: Diese Mädchen hatten damals noch keinen Selbstverteidigungskurs besucht. Dennoch reagierten sie instinktiv richtig: Sie wurden wütend und wehrten sich entschlossen. Das schaffst du auch! Vor allem, wenn du einen Plan hast und die drei besten Vorgehensweisen kennst: Schreien, Kämpfen und Davonrennen.

Wenn du
bedroht wirst –
Techniken der
Verteidigung

Als Erste zuschlagen

Angriff ist die beste Verteidigung. Wenn eine Situation gefährlich wird, setze dich sofort mit Tritten und Schlägen zur Wehr und schreie so laut du kannst. Du musst unter allen Umständen verhindern, dass der Angreifer dich in ein Haus oder in sein Auto zerrt. Wehre dich sofort und schreie so lange, bis der Angreifer aufgibt und davonrennt oder du eine Chance zur Flucht bekommst. Traue ihm nicht, wenn er sagt, er werde dir nichts tun. Er lügt dich an, damit du still bist und den Kampf aufgibst. Lasse dich also auf keinerlei Versprechungen ein. Wehre dich so lange, bis du tatsächlich in Sicherheit bist.

ZU BRUTAL?

Ganz klar – bei den folgenden Techniken verletzt du den Angreifer. Das musst du auch wollen. Und du darfst es, denn du handelst aus Notwehr. Spiele die Angriffssituationen und möglichen Reaktionen immer wieder im Kopf durch. Setz dich mit den Gründen auseinander, die dich davon abhalten könnten, eine andere Person zu verletzen. Es ist absolut wichtig, dass du dich damit beschäftigt hast. Im Ernstfall bleibt dir keine Zeit für langes Überlegen und Abwägen.

BEISSEN

Beißen ist auch eine gute Verteidigung. Allerdings kann der Angreifer Träger des Aids-Virus sein oder eine andere Krankheit haben, die durch Blut übertragen wird. Daher stellt Beißen ein Risiko dar. Doch du solltest bedenken, dass du bei einer vollzogenen Vergewaltigung ebenfalls infiziert werden kannst.

Verteidigungsstellung

Zur Verteidigung solltest du dich in einer ökonomisch vorteilhaften Position befinden.

Du solltest so weit vom Angreifer entfernt sein, dass er dich nicht mit Armen oder Beinen erreichen kann. Dein Körper ist seitwärts gewandt.

Die Hände hältst du in Hüfthöhe, die Handflächen zeigen nach oben; dadurch fühlt sich der Angreifer nicht provoziert.

Bei einem Angriff versuchst du jeweils durch die entsprechende Haltung von Armen und Beinen empfindliche Körperpartien wie Kopf, Hals, Herz und Unterleib zu schützen.

Wenn der Angreifer vor dir steht

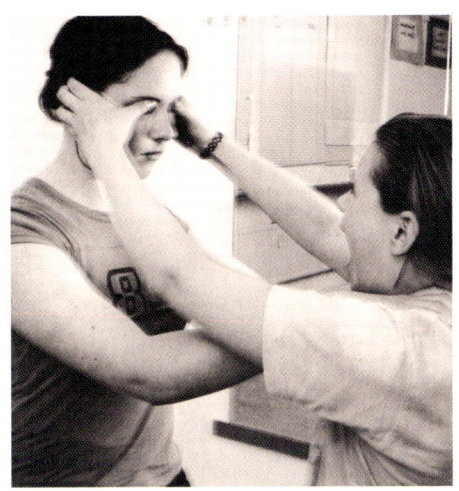

Augen

- **Drücke ihm mit den Daumen die Augen aus. Halte ihn mit den anderen Fingern an den Ohren fest, damit er den Kopf nicht wegdreht.**
- Lege die Finger schmal zusammen (wie ein Speer) und stoße ihm die Fingerspitzen in die Augen.
- Zerkratze ihm mit den Fingernägeln die Augen.

Ohren

- Schlage ihm mit gewölbten Händen gleichzeitig auf beide Ohren, um das Trommelfell zu verletzen und den Gleichgewichtssinn zu stören.

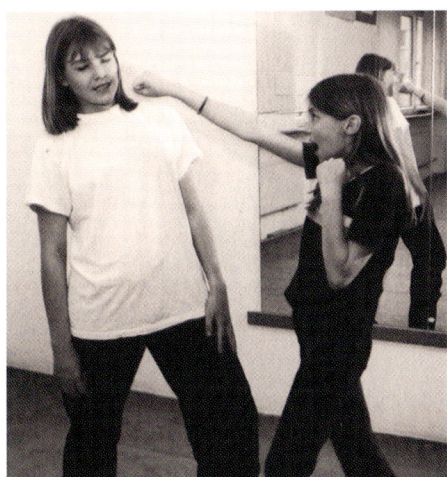

Nase

- **Schließe die Hand fest zur Faust und lege den Daumen außen über die zweiten Fingerglieder. Schlage ihm die Faust auf die Nase.**
- Wirkungsvoll ist es auch, wenn du die Faust seitlich hältst und sie wie einen Hammer von oben auf die Nase herabsausen lässt.
- **Beuge dein Handgelenk leicht zurück und ziehe die Finger wie Krallen an. Schlage ihm mit dem Handballen von unten gegen die Nase.**
- Ramme ihm deinen Kopf ins Gesicht.

Kinn

- Stoße ihm deinen Unterarm gegen das Kinn.
- Führe von unten einen Faustschlag gegen das Kinn.

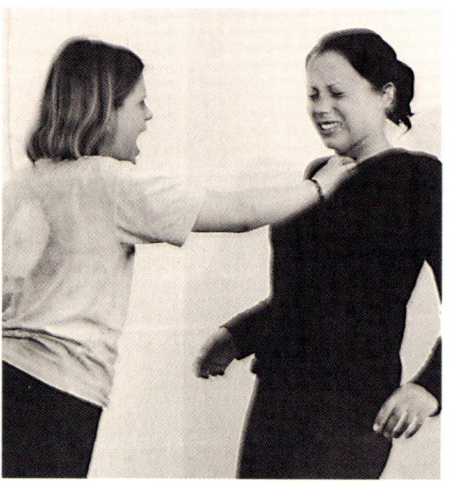

Hals mit Adamsapfel und Luftröhre

● Schlage ihm mit der Faust auf den Adamsapfel oder die Luftröhre.
● Halte Daumen und Zeigefinger so, dass sie ein „V" bilden, und schlage ihm den untersten Knöchel des Zeigefingers in den Hals.
● Lege die Finger schmal zusammen (wie einen Speer) und stoße die Fingerspitzen gegen den Hals.
● **Stoße die Finger gegen die Luftröhre.**

Fuß

● Stampfe ihm mit dem Absatz fest auf die Fußoberseite.

Knie

● **Winkle das Knie an und tritt ihm mit dem Fußballen gegen das Knie.**
● Tritt mit der Fußaußenkante aus der Hüfte heraus gezielt gegen sein Knie.

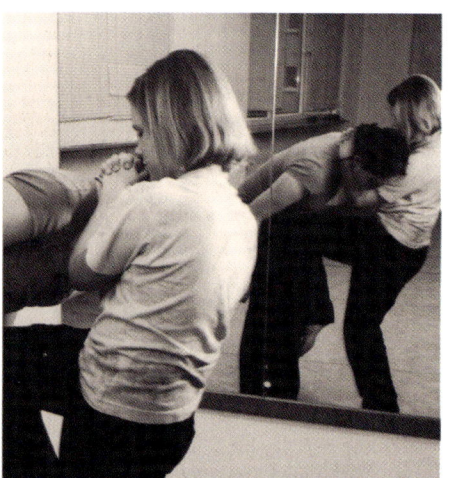

Unterleib

● Packe ihn an den Hoden, zerre kräftig daran und verdrehe sie.
● Stoße ihm den Unterarm oder die Faust in einer Aufwärtsbewegung in den Unterleib.
● Versetze ihm einen Fußtritt in den Unterleib, wenn du sicher bist, dass er dich nicht am Fuß packen kann.
● **Stoße ihm das Knie in den Unterleib.**

Wenn der Angreifer neben dir steht oder sitzt

Kinn

- **Stoße ihm deinen Ellbogen gegen das Kinn.**

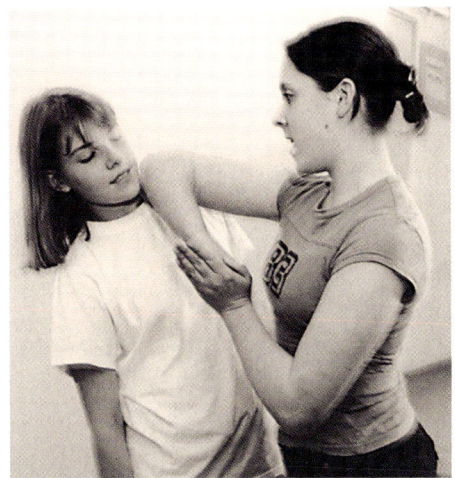

Nase

- Schmettere ihm deinen Faustrücken seitlich gegen die Nase.
- Stoße ihm den Ellbogen ins Gesicht.
- Halte Finger und Handgelenk wie zu einem Karateschlag gestreckt und schlage ihm die Handkante ins Gesicht.

Hals mit Adamsapfel und Luftröhre

- Halte Finger und Handgelenk wie zu einem Karateschlag gestreckt und schlage ihm die Handkante gegen den Adamsapfel oder die Luftröhre.

Unterleib

- **Schlage ihm die Faust mit einer Seitwärtsbewegung in den Unterleib.**

Finger

- Drücke deinen Daumen aufs unterste Gelenk seines kleinen Fingers innen an der Hand und biege seinen kleinen Finger ganz weit zurück.

Knie

- **Tritt mit der Fußaußenkante aus der Hüfte heraus gezielt gegen sein Knie.**

Wenn sich der Angreifer hinter dir befindet

Augen
- Packe ihn mit einer Hand am Kopf und zerkratze ihm mit den Fingernägeln der anderen Hand die Augen.

Nase
- **Schlage mit dem Faustrücken nach hinten auf die Nase.**
- Führe einen Faustschlag über die Schulter nach hinten in sein Gesicht.
- Schlinge einen Arm um seinen Kopf und schlage ihm mit der anderen Hand ins Gesicht.
- Stoße den Ellbogen nach hinten gegen die Nase.
- Schlage ihm deinen Hinterkopf ins Gesicht.

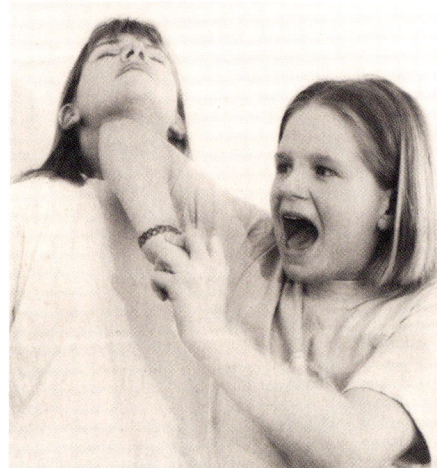

Kinn
- **Stoße den Ellbogen nach hinten gegen sein Kinn.**

Fuß
- Stampfe ihm mit dem Absatz fest auf die Fußoberseite.

Finger
- **Hat er dich im Würgegriff, drücke deinen Daumen aufs unterste Gelenk seines kleinen Fingers innen an der Hand und biege seinen kleinen Finger weit zurück.**

Solar plexus

- **Stoße den Ellenbogen nach hinten gegen seinen Solar plexus.**

Knie

- **Tritt mit der Ferse gezielt gegen sein Knie.**

Unterleib

- **Packe ihn an den Hoden, zerre kräftig daran und verdrehe sie.**
- Stoße den Unterarm oder die Faust nach hinten in den Unterleib.

Wenn der Angreifer eine Schusswaffe hat

Nur etwa neun von hundert Männern haben eine Waffe bei sich, wenn sie eine erwachsene Frau angreifen. Bei Angriffen auf Mädchen sind so gut wie nie Waffen im Spiel, denn der Angreifer ist sich seiner Überlegenheit sehr sicher. Falls er doch eine Waffe einsetzt, will er das Mädchen damit fügsam machen. Er will das Mädchen unter seine Kontrolle bringen, ihr Angst machen und sie vergewaltigen. Das verschafft ihm seinen Kick. Die Waffe dient zum Einschüchtern, damit das Opfer ohne Widerstand mitkommt.

Wirst du mit einer Waffe bedroht, solltest du, wenn irgend möglich, weglaufen. Gelingt das nicht, musst du dich möglichst schnell und möglichst heftig verteidigen – auch auf die Gefahr hin, dass du verletzt wirst. Je länger du abwartest, umso eher bekommt der Angreifer die Situation unter Kontrolle und umso mutloser wirst du. Wehr dich also sofort!

Wenn dich ein Mann mit einer Waffe in sein Auto zwingen will, sieht es zunächst aus, als hättest du keine Chance. Du weißt, dass er dich an eine einsame Stelle bringen und vergewaltigen will.

Also: Entweder du gehst das Risiko ein und setzt dich zur Wehr oder du wehrst dich nicht und wirst mit großer Sicherheit vergewaltigt. Nach der Vergewaltigung besteht sogar die Gefahr, dass der Täter von seiner Waffe Gebrauch macht.

NICHT NUR

Es muss keine Pistole sein, mit der der Täter versucht, sein Opfer in seine Gewalt zu bringen. Manchmal wird ein Mädchen auch mit einem Messer oder einer anderen Stichwaffe bedroht. Auch Schlagringe oder andere Schlagwerkzeuge dienen der Einschüchterung. Für dich spielt es keine Rolle, welche Waffe der Angreifer hat – der Grundsatz ist immer derselbe: Versuche wegzulaufen oder setz dich sofort zur Wehr!

SCHUSSWAFFEN

MUT, MUT, MUT

Sich einem bewaffneten Angreifer zu widersetzen, ist gefährlich – keine Frage. Aber viele Mädchen und Frauen, die sich in solch einer Situation zur Wehr gesetzt haben, konnten entkommen. Mache dir klar, dass du nichts zu verlieren hast, aber dein Leben retten kannst.

Wenn du eine Waffe hast

Natürlich kannst du dich besser verteidigen, wenn du eine
Waffe hast. Das bedeutet natürlich nicht, dass du dich
bis an die Zähne bewaffnen musst oder gar mit einer Pistole
herumlaufen sollst. Nein, du musst nur einen Blick dafür
bekommen, was du notfalls als Waffe einsetzen kannst. Viele
alltägliche Gegenstände eignen sich als Waffe. Du musst
nur bereit sein, sie als solche zu verwenden und den Angreifer
damit zu verletzen.

Waffen gibt es viele

Schau dich einmal zu Hause und in der Schule um, was du
als Waffe benutzen könntest. In Frage kommen zum Beispiel
ein massiver Aschenbecher, eine Tischlampe oder eine kleine
Metallstatue. Schwerere Gegenstände kannst du durch die
Fensterscheibe schleudern. Das splitternde Glas macht andere
aufmerksam und deine Hilferufe werden besser gehört. Kaum
ein Angreifer wird dann ruhig abwarten, bis dir jemand zu Hilfe
kommt.

Richtig einsetzen

Überlege dir, wie du die verschiedenen Gegenstände gegen einen Angreifer einsetzen würdest. Kleinere Dinge kannst du ihm ins Gesicht werfen. Dann ist er einen Moment abgelenkt – für dich ist das die Chance zur Flucht. Mit größeren Gegenständen kannst du zuschlagen, mit spitzen, wie Füller oder Kugelschreiber, die Augen oder den Hals des Angreifers verletzen. Auch eine zusammengerollte Zeitschrift lässt sich als Waffe verwenden. Welche Gegenstände hast du sonst noch bei dir? Einen Rucksack? Schleudere ihn dem Angreifer in den Weg, damit er stolpert und du davonrennen kannst. Kleingeld in der Manteltasche? Wirf es ihm ins Gesicht. Oder bücke dich schnell nach einer Hand voll Erde und wirf sie ihm ins Gesicht. Haarspray kannst du ihm in die Augen sprühen, deinen Walkman oder ein Buch stößt du ihm von unten gegen die Nase.

Du siehst, es gibt eine ganze Menge Möglichkeiten!

HAU AB!

Die dunkelhäutige Anne war mit ihrer weißen Freundin abends nach dem Kino auf dem Nachhause-weg. Plötzlich vertrat ein Mann den beiden den Weg. Er fing an, Anne wegen ihrer Hautfarbe zu beleidigen und machte sie obszön an. Ohne dass die beiden Freundinnen es abgesprochen hatten, gingen sie gleichzeitig auf den Angreifer los. Sie stießen ihm ihre Kinopro-gramme, die sie zufällig gerollt in der Hand trugen, gegen den Hals. Der Mann ergriff die Flucht.

Trau dich!

Natürlich nützt dir die wirkungsvollste Waffe nichts, wenn du nicht bereit bist, sie tatsächlich zu benutzen. Stelle dir eine Situation vor, in der du um dein Leben kämpfen musst oder eine Vergewaltigung verhindern willst. Würdest du deine Waffe gegen den Täter richten, wenn es ein Fremder wäre? Könntest du ihn ganz bewusst und gezielt verletzen? Oder hättest du Hemmungen? Würdest du zögern?

Würdest du von deiner Waffe Gebrauch machen, wenn der Täter ein Bekannter oder sogar dein Freund wäre?

Einen Unterschied macht das nicht, denn der Angreifer – ganz gleich, wer er ist – will dir Schaden zufügen. Es ist dein Recht, dich mit allen Mitteln zu wehren, schließlich handelst du in Notwehr!

Also: Wenn du eine Waffe hast, zögere nicht, sondern nutze sie – bevor der Täter eine Chance hat, sie dir abzunehmen.

> **Überleg dir,**
> **womit du dich verteidigen würdest, wenn du auf dem Fahrrad unterwegs bist. Die Luftpumpe eignet sich zum Zuschlagen oder -stoßen, das Kettenschloss kannst du über dem Kopf schwingen und dem Angreifer ins Gesicht schlagen. Du kannst sogar das ganze Rad hochheben und es gegen ihn werfen.**

ÜBERWÄLTIGT!

Annelie und Katja wurden am Nachmittag auf dem Nachhauseweg von einem Mann verfolgt. Annelie konnte entkommen, Katja nicht. Der Mann bedrohte sie mit einem Messer, drängte sie in ein Feld und stieß sie zu Boden. Als er sich über sie beugen wollte, spürte Katja, wie eine unglaubliche Wut in ihr aufstieg. Ihre Angst war wie weggeblasen. Sie trat dem Mann mit aller Kraft in den Unterleib. Er krümmte sich stöhnend zusammen. In diesem Moment sprang Katja auf, trat ihm gegen die Hand mit dem Messer, ergriff es und stach auf ihn ein. Nach ein paar Minuten kam Annelie mit ein paar Leuten, die sie alarmiert hatte. Gemeinsam hielten sie den verletzten Angreifer bis zum Eintreffen der Polizei fest. Der Mann hatte bereits mehrere Mädchen vergewaltigt. Bisher war es keinem seiner Opfer gelungen, ihn zu überwältigen. Die elfjährige Katja aber hatte es mit Wut und Entschlossenheit geschafft.

WICHTIG

Eine Waffe solltest du nur dann zur Hand nehmen, wenn du fest entschlossen bist, sie auch einzusetzen und den Angreifer damit zu verletzen. Diese Entschlossenheit solltest du besitzen. Du darfst keine Skrupel haben, sondern musst dich wehren. Wenn du eine Waffe bei dir hast und sie nicht einsetzt, kann es passieren, dass sie dir der Angreifer entwindet.

Selbst wenn du nichts von deinen Sachen als Waffe einsetzen würdest, kann dir die Waffe des Angreifers in die Hände fallen. Überlege dir genau, was du dann machen würdest. Nur mit der Waffe zu drohen, bringt nichts. Setze sie sofort ein, bevor er eine Chance hat, sie dir wieder abzunehmen.

Wer kann dir **gefährlich** werden?

Von Tätern ...

Die allermeisten erwachsenen Männer würden niemals ein Mädchen belästigen oder vergewaltigen. Und denen, die so etwas tun, sieht man es leider nicht an. Du musst dir daher klarmachen, wer dir gefährlich werden könnte und welche Verhaltensweisen von Personen aus deinem Umfeld dich stutzig machen sollten. In den meisten Fällen ist der Vergewaltiger kein Fremder, sondern ein Mann aus dem Bekanntenkreis des Opfers. Dabei kann es sich um eine flüchtige Bekanntschaft oder einen Freund der Familie handeln. Es kommt auch vor, dass Autoritätspersonen wie Lehrer, Trainer, Pfarrer und Ärzte ihre Machtposition ausnutzen. Ebenso gut kann der Täter zum engsten Familienkreis gehören (Bruder, Vater, Großvater, Onkel usw.). Es kann sogar der eigene Freund sein.

... und Opfern

Jedes Mädchen kann Opfer eines Sexualtäters werden. Alter, Größe, Gewicht, Aussehen, Persönlichkeit, Hautfarbe und Nationalität spielen dabei ebenso wenig eine Rolle wie der familiäre Hintergrund, das Wohnumfeld oder die Schulbildung. Dem Angreifer geht es nicht um die Person. Er sieht das Mädchen lediglich als „Objekt", das er „nach Gebrauch" wegwirft. Ältere Mädchen können gefährliche Situationen meist besser erkennen und daher früher abwenden. Jüngere sind stärker gefährdet, weil sie das Verhalten des Täters oft noch nicht als das erkennen, was es ist: sexuelle Gewalt.

SEELISCHE VERLETZUNGEN

Sexuelle Gewalt ist nicht deswegen schlimm, weil es dabei um Sex geht, sondern weil das Mädchen oder die Frau zu etwas gezwungen wird, was sie nicht möchte. Es handelt sich um eine grobe Missachtung ihrer Würde und ihres Rechts, über den eigenen Körper zu bestimmen. Der Angreifer benutzt Sex als Waffe gegen sein Opfer. Er zwingt dem Mädchen oder der Frau seinen Willen auf und schert sich nicht darum, was sie dabei empfindet.

Wenn dich jemand mit Faustschlägen traktiert, bekommst du blaue Flecken. Bei einer Vergewaltigung fügt der Angreifer seinem Opfer nicht nur körperliche Verletzungen zu, sondern auch seelische. Diese sind nach außen hin zwar nicht sichtbar, aber dennoch vorhanden. Je enger die Beziehung zwischen Täter und Opfer ist, desto schlimmeren Schaden erleidet das Mädchen. Zur körperlichen Gewalt kommt der Vertrauensbruch hinzu.

Der **Grenzbereich** zwischen Sex und sexueller Gewalt

Manchmal sind die Grenzen zwischen Sex und sexueller Gewalt gar nicht so leicht auszumachen. Nicht selten wird ein Mädchen von ihrem Freund unter subtilen Druck gesetzt, damit sie mit ihm schläft: „Wenn du nicht endlich willst, gehe ich nicht mehr mit dir." Das darf nicht sein.

„… *gegen die immer wieder vorgebrachte Theorie, Vergewaltigung sei eine ,Fortpflanzungsstrategie' von Männern, die keine Chance hätten, ihre Gene auf andere Art weiterzugeben …*"

OH MANN! HILF DIR SELBST! EIN KONTO AUF DER SAMENBANK – UND SCHLUSS MIT VERGEWALTIGUNG!

Vgl.: »Berliner Zeitung«, 21.6.2000

In welchem Alter ein Mädchen ihre ersten sexuellen Erfahrungen macht, ist sehr unterschiedlich. Auf jeden Fall aber sollte „das erste Mal" schön und beglückend sein, und zwar für beide Partner. Wenn du dich dabei unwohl oder gar abgestoßen fühlst, bist du ganz einfach noch nicht dazu bereit. Das ist absolut kein Grund zur Besorgnis.

ES STEHT DIR FREI zu entscheiden, wann und mit wem du dich sexuell einlassen möchtest. Niemand hat das Recht, dich unter Druck zu setzen oder dich zu zwingen, auch nicht dein Freund.

WAS IST EIGENTLICH SEXUELLE GEWALT?

SEXUELLE BELÄSTIGUNG

Unter den Begriff sexuelle Belästigung fallen aufdringliches Angaffen, anzügliche bis obszöne Bemerkungen, sexistische Witze und unerwünschte Berührungen jeglicher Art, wie sie häufig auf der Straße, in der U-Bahn oder in der Schule vorkommen.

Wehret den Anfängen

Auch sexuelle Belästigung ist eine Form von Gewalt. Sie verletzt die Würde des Mädchens und schüchtert ein. Deshalb darf sie nicht hingenommen werden.

ACHTUNG! SPANNER!

Unbedingt Hilfe suchen

Das ist bei jeder Form der sexuellen Gewalt absolut vorrangig. Wenn der Täter aus der Familie kommt, wende dich an eine Vertrauensperson, zum Beispiel an eine Lehrerin.

SEXUELLER MISSBRAUCH

Von sexuellem Missbrauch spricht man, wenn ein Erwachsener mit einem Kind sexuelle Kontakte unterhält oder es zur Befriedigung seiner sexuellen Bedürfnisse einsetzt. Sexueller Missbrauch kommt in vielerlei Form vor. Es geht aber stets darum, dass ein Mädchen zu sexuellen Handlungen verleitet, überredet oder gezwungen wird. Der Erwachsene nutzt dabei die Naivität, die Unerfahrenheit und das Vertrauen des Mädchens aus. Oder er arbeitet mit Tricks und Drohungen.

Das alles ist Missbrauch:

Der Erwachsene

- beobachtet das Mädchen beim An- oder Ausziehen, beim Waschen oder Baden.
- stellt Fragen sexuellen Inhalts oder äußert sich in einer Weise über Sex, die dem Mädchen unangenehm ist.
- zeigt dem Mädchen Bücher, Zeitschriften oder Filme, in denen Erwachsene oder Kinder nackt oder bei sexuellen Handlungen zu sehen sind.
- gibt dem Mädchen einen Zungenkuss.
- fordert das Mädchen auf, sich zu entkleiden.
- macht für sich selbst oder für andere Personen Nacktfotos von dem Mädchen.
- berührt, reibt oder küsst bestimmte Körperteile des Mädchens (Brust, Pobacken, After, Scheide), egal ob bekleidet oder nackt.
- fordert das Mädchen zum Berühren, Reiben oder Küssen von Teilen seines Körpers auf (Brust, Pobacken, After oder Penis), sei es bekleidet oder nackt.
- dringt mit dem Finger oder einem Gegenstand in die Scheide oder den After des Mädchens ein.
- hat Geschlechtsverkehr mit dem Mädchen bzw. vergewaltigt sie.

Sexuelle Gewalt kann vielerlei Gestalt haben. Es ist wichtig, offen darüber zu sprechen. Hier findest du eine Übersicht. Sie soll dir helfen, Verhaltensweisen zu erkennen und einzuordnen.

VERGEWALTIGUNG

Unter Vergewaltigung versteht man einen erzwungenen Geschlechtsverkehr. Geschlechtsverkehr bedeutet, dass der Täter mit seinem Penis in die Scheide des Mädchens oder der Frau eindringt. Auch wenn er dazu einen Gegenstand benutzt, spricht man von Vergewaltigung. Orale Vergewaltigung bedeutet, dass der Mann seinen Penis in den Mund des Opfers steckt. Bei analer Vergewaltigung führt er den Penis oder einen Gegenstand in den After des Opfers ein.

Handelt es sich bei dem Opfer um ein Kind, geht der Täter oft nicht gewaltsam vor, sondern arbeitet mit allerlei Tricks, damit es sich nicht wehrt. Ist das Opfer älter, schüchtert der Täter es ein, bedroht es mit dem Tod und wendet rohe körperliche Gewalt an, um es seinem Willen zu unterwerfen. Im schlimmsten, aber zum Glück seltensten Fall foltert er das Opfer, verstümmelt oder tötet es.

Wenn der Täter ein Vertrauter ist

Immer wieder kommt es bei Verabredungen zu Vergewaltigungen. Die Folgen für das Mädchen oder die Frau sind schwer wiegend, denn sie wurde von einem Menschen, den sie mag oder sogar liebt, gedemütigt und benutzt. Der Täter begeht also zusätzlich einen Vertrauensbruch. Oft ist er sich seiner Schuld nicht einmal bewusst, weil er glaubt, ein Anrecht auf Geschlechtsverkehr zu haben, weil er zum Beispiel das Mädchen oder die Frau zum Essen eingeladen hat.

Sexuelle Nötigung

Wenn ein Geschlechtsverkehr oder andere sexuelle Handlungen durch Drohung, Gewalt oder psychischen Druck erzwungen werden, spricht man von sexueller Nötigung. Darauf steht Gefängnis bis zu zehn Jahren.

INZEST

Als Inzest bezeichnet man jegliche Form von sexuellem Missbrauch oder Vergewaltigung innerhalb der Familie. Der Täter kann der Bruder, Vater, Stiefvater, Großvater, ein Onkel oder ein anderer naher Verwandter sein.

Inzest gilt schon seit altersher als Tabu, denn die Nachkommen von blutsverwandten Partnern weisen oft Schädigungen des Erbguts auf. Heute wird der Begriff auch benutzt, wenn der Täter kein Blutsverwandter ist, sondern beispielsweise ein Mitglied der Stief-, Adoptiv- oder Pflegefamilie oder auch der Lebenspartner der Mutter.

Oft beginnt der Missbrauch, wenn das Mädchen noch sehr jung ist, und dauert über Jahre an.

Besonders schwer wiegend

Handelt es sich bei dem Täter um den Vater (oder einen Vaterersatz), ist das Vergehen besonders schwer wiegend. Der Vater ist eine Autoritätsperson, oft auch der Ernährer der Familie. Daher ist das Mädchen vollkommen von ihm abhängig. Und da der Missbrauch zu Hause stattfindet, hat das Mädchen weder einen sicheren Zufluchtsort noch die Unterstützung beider Elternteile.

PATRICIA!

ICH KANN JETZT NICHT! ONKEL HUBERT ZEIGT MIR GERADE SEINE PORNOSAMMLUNG!

Nicht gewehrt — selbst schuld?

Niemand möchte Opfer eines sexuellen Übergriffs werden,
deshalb wird sich jedes Mädchen verteidigen, so gut sie kann.
Ist das Mädchen noch sehr jung, kann sie den Missbrauch oft
nicht als solchen einordnen. Sie setzt sich dann nicht zur Wehr,
vor allem, wenn es sich bei dem Täter um den eigenen Vater
oder einen netten Onkel handelt.

DU BIST NIE
Selbst wenn sich ein Mädchen
nicht wehrt, keinem Menschen
etwas sagt und den Mann,
der sie missbraucht, liebt und
schützt, ist die Gewalt niemals ihre eigene Schuld. Verantwortlich ist der Mann,
der seine Macht oder Autorität ausnutzt.

¡SELBST SCHULD!

Indirekte Verteidigung

Viele Mädchen spüren aber, dass etwas falsch läuft, und wehren
sich indirekt. So nahm die kleine Tanja abends immer alle
Kuscheltiere mit ins Bett. Sie wollte, dass für den Vater kein Platz
mehr da war, wenn er mitten in der Nacht in ihr Zimmer kam,
um sie zu missbrauchen. Andere Mädchen stellen sich schlafend
und hoffen in Ruhe gelassen zu werden. Wieder andere ziehen
vor dem Schlafengehen mehrere Lagen Kleidung übereinander an,
damit der Vater nicht leicht an sie herankommt.
Auch wenn ein Mädchen zum Beispiel aus dem Sportverein aus-
tritt, weil der Trainer sie belästigt, ist das eine Art, sich zu verteidigen.
Wenn sich das Mädchen endlich an eine Vertrauensperson außerhalb der Familie wendet, ist dies ein mutiger Akt der Selbstverteidigung. Schließlich kommt so das Verhalten des Täters ans Licht
und er kann das Mädchen nicht weiter missbrauchen.

Gewalt durch Unbekannte

Dass ein Mädchen von einem unbekannten Mann angegriffen wird,
kommt zwar selten vor, aber es gibt solche Fälle. Manche Männer machen sich mit Tricks an Mädchen heran und erschleichen
sich ihr Vertrauen, damit sie mit ihnen mitkommen. In solchen
Situationen kommt es darauf an, dass du auf deine Gefühle
achtest und sofort handelst, wenn dir die Situation nicht geheuer
ist.

Ein kleiner Gefallen?

Sei wachsam gegenüber Fremden, die dich um etwas bitten. Ein
erwachsener Mann kann sich ebenso gut an einen anderen Erwachsenen wenden, wenn er Hilfe braucht. Er ist nicht auf junge
Mädchen angewiesen. Denke daran, dass der Mann eventuell
testen will, wie du bei einem Angriff reagierst. Wenn dich jemand um einen Gefallen bittet, solltest du dich immer fragen:
„Was will ich? Gehe ich ein Risiko ein?"

GETÄUSCHT

Die 19-jährige Karolina ging
allein an einem Feld entlang zur
U-Bahn-Station. Ein Mann
näherte sich ihr aus der Gegenrichtung. Karolina hatte ein
ungutes Gefühl. Sie war sehr
erleichtert, als er sie lediglich
nach der Uhrzeit fragte.
Karolina streifte den Ärmel
zurück, um auf ihre Armband-
uhr zu sehen. In diesem
Moment packte der Mann sie,
stieß sie zu Boden und begann
an ihrer Kleidung zu zerren.
Als wenige Minuten darauf
Passanten vorbeikamen, schrie
Karolina laut. Der Angreifer
rannte davon.

Besonders trickreich

Manchmal „arbeiten" zwei Männer zusammen. Einer belästigt dich. Der andere kommt „zufällig" vorbei, verjagt den „Bösen" und erschleicht sich so dein Vertrauen.

OBERSTE REGEL

Halte Abstand zu jedem fremden Mann, der dich anspricht. Hast du auch nur den geringsten Zweifel an seinen Absichten, rede nicht mit ihm und begleite ihn auf gar keinen Fall irgendwohin. Hast du das Gefühl, der Mann könnte dir gleich gefährlich werden, renne sofort davon und schreie laut um Hilfe. Wenn er dich tatsächlich angreifen sollte, setzt du dich mit Händen und Füßen zur Wehr und schreist so laut zu kannst.

STOPP!

Wie verhältst du dich?

● Ein Mann mit einem Stadtplan fragt dich nach dem Weg.

● Ein Mann fragt dich nach der Uhrzeit oder fragt, wann der nächste Bus fährt.

● Ein Autofahrer bittet dich, ein paar Briefe für ihn einzuwerfen. (Gehe niemals nahe an ein Auto heran: Der Fahrer könnte dich packen und hineinzerren!)

● Ein Mann gibt vor, krank zu sein oder simuliert einen Zusammenbruch und bittet dich um Hilfe.

● Ein Mann legt dein Fahrrad lahm. Wenn du kommst und entdeckst, dass es kaputt ist, bietet der „freundliche Unbekannte" dir Hilfe an oder will dich im Auto nach Hause fahren.

● Ein Mann behauptet, in der Nähe sei ein Mädchen vergewaltigt worden. Er bittet dich mitzukommen, um ihr zu helfen.

● Ein Mann gibt vor, sein Hund oder sein Kind sei ihm weggelaufen oder er habe seine Brieftasche verloren. Er bittet dich, ihm zu helfen.

Auch Autoritätspersonen
können gefährlich werden

Es kommt immer wieder vor, dass Männer ihre Autorität oder ein Vertrauensverhältnis ausnutzen und Mädchen zu sexuellen Handlungen verführen. Sie stellen es so geschickt an, dass sich das Mädchen in sie „verliebt" und die Initiative dann von ihr ausgeht. Doch dieses Verhalten ist in jedem Fall verwerflich. Ist das Mädchen unter 16, begeht der Mann außerdem eine Straftat.

SO EIN SÜSSER

Dass ein Mädchen sich in einen Lehrer verliebt, ist ganz normal und gehört zum Erwachsenwerden dazu. Hat der Lehrer das Wohl seiner Schülerin im Sinn, fördert er ihre Verliebtheit nicht, indem er ihr Schmeicheleien sagt. Und er geht auf gar keinen Fall eine sexuelle Beziehung mit ihr ein, selbst wenn sie das möchte. Nutzt er ihre Zuneigung aus und lässt sich mit ihr ein, missbraucht er seine Position und macht sich strafbar.

LEHRER ...

Der Erwachsene trägt die Verantwortung

Das Mädchen trifft keinerlei Schuld, wenn es auf ihre Initiative hin zum sexuellen Kontakt mit einem Lehrer, einem Arzt oder einer anderen Autoritätsperson kommt. Vielmehr ist es die Pflicht des Erwachsenen, sich zurückzuhalten.

Wenn Männer ihre **Machtposition** ausnutzen

Manchmal macht sich ein Vorgesetzter oder Lehrer aber auch ganz offensichtlich an das Mädchen heran. Weil er für das Mädchen eine Autoritätsperson ist, traut sie sich vielleicht nicht, entschieden Nein zu sagen oder sich zur Wehr zu setzen. Da der Mann dem Mädchen gegenüber eine Machtposition hat, kann er mit negativen Konsequenzen drohen (zum Beispiel mit schlechten Noten), falls sie nicht auf ihn eingeht. Oder er zwingt sie ganz einfach und bedroht sie für den Fall, dass sie anderen davon erzählt. Dann spricht man von sexueller Nötigung.

Auch Erpressung kann im Spiel sein, zum Beispiel wenn der Mann das Mädchen bei etwas Verbotenem wie Schuleschwänzen, Ladendiebstahl, Rauchen oder Alkoholtrinken ertappt. Er droht ihr, den Vorfall zu melden, falls sie nicht mit ihm schläft. Es ist alles andere als einfach für ein Mädchen, sich einer Autoritätsperson zu widersetzen, von der sie weiterhin abhängig ist. Deshalb ist es wichtig, dass sie sich in solch einer Situation an eine Vertrauensperson wendet. Diese kann dafür sorgen, dass der Betreffende für sein Verhalten zur Rechenschaft gezogen wird. Männer, die Mädchen missbrauchen, gehören nicht in Vertrauenspositionen.

TJA, DAS MUSS ICH DANN WOHL MELDEN! ES SEI DENN...

ES SEI DENN, SIE WOLLEN DAS INTERVIEW MORGEN IN DER ZEITUNG LESEN!

Missbrauch an Kindern — Zahlen, die betroffen machen

Immer mal wieder wird in den Medien spektakulär über ein Sexualverbrechen an Kindern berichtet. Dabei kann der Eindruck entstehen, dass sexuelle Gewalt gegen Kinder ein zwar sehr schreckliches, aber doch eher seltenes Vergehen ist. Doch das stimmt nicht, denn diese Meldungen sind nur die Spitze eines Eisbergs. Genauso schlimm, doch allzu oft unentdeckt oder verschwiegen, ist der „alltägliche" Missbrauch, der manchen Kindern jahrelang ihr Leben zur Hölle macht. Für viele Mädchen und auch Jungen gehören Missbrauchserfahrungen zum Lebensalltag. Denn Realität ist, dass sexueller Missbrauch in den allermeisten Fällen innerhalb der Familie und dem nahen sozialen Umfeld stattfindet. Das Bundeskriminalamt geht davon aus, dass jährlich ca. 300 000 Kinder in Deutschland sexuell missbraucht werden – davon 75 Prozent Mädchen. Andere Schätzungen liegen noch darüber. Befragungen von Erwachsenen haben ergeben, dass etwa jedes vierte Mädchen und jeder siebte Junge bis zu seinem 18. Lebensjahr zumindest einmal sexuelle Übergriffe erlebt hat. Zur Anzeige kommt aber nur ein Bruchteil dieser Fälle.

WER SIND DIE TÄTER?

- In über 90 Prozent der Fälle ist der Täter dem Opfer bekannt: Von diesen Tätern stammt ein Drittel aus dem weiteren sozialen Umfeld, das heißt dem weiteren Bekanntenkreis, ein Drittel stammt aus dem familialen Nahbereich, das heißt es handelt sich um Verwandte, Nachbarn, Babysitter, aber zum Beispiel auch um Pädagogen, ein Drittel stammt aus der Familie selbst: Väter, Stiefväter, Brüder.
- Die Täter können aus allen Bevölkerungsschichten stammen: Ärzte, Lehrer, Banker sind ebenso vertreten wie Arbeiter oder Arbeitslose.
- Zum überwiegenden Teil geht sexuelle Gewalt gegen Kinder und Jugendliche von Männern aus, in einzelnen Fällen sind aber auch Frauen die Täterinnen.

Das Alter der Opfer

Betroffen sind Kinder jeder Altersstufe. Es ist keineswegs so, dass – wie oft angenommen wird – Mädchen in der Pubertät besonders gefährdet sind. Das Bundeskriminalamt gibt an, dass 45 Prozent der Opfer noch keine zehn Jahre alt sind. Sogar Säuglinge können das Opfer sein.

Wenn der Vater zum Täter wird

Wenn es innerhalb der Familie zu sexuellem Kindesmissbrauch kommt, ist sehr häufig der Vater oder ein Vaterersatz (zum Beispiel der Lebenspartner der Mutter) der Täter. Oft nähert sich der Mann dem Mädchen erstmals, wenn sie noch sehr jung ist. Anfangs sind die Berührungen noch relativ harmlos und scheinen zufällig, zum Beispiel beim Raufen, Knuddeln oder Kitzeln. Später ist das Mädchen möglicherweise verwirrt, wenn ihr die Zärtlichkeiten auf einmal unangenehm sind. Weil sie den Vater mag und seine Liebe nicht verlieren möchte, traut sie sich nicht zu protestieren. So kann er ganz allmählich zu intimeren Berührungen und sexuellen Handlungen übergehen.

BESONDERS EMPFINDLICH

sind sehr junge Mädchen. Sie haben noch kein Gespür dafür, welche Berührungen zum normalen Umgang zwischen Vater und Tochter gehören und welche nicht. Wenn sie älter werden, erkennen sie, dass es sich nicht um eine normale Vater-Tochter-Beziehung handelt. Möglicherweise dauert der Missbrauch zu diesem Zeitpunkt schon mehrere Jahre an und das Mädchen schweigt aus Scham oder weil sie Schuldgefühle hat.

„Unser Geheimnis"

Der Vater will natürlich verhindern, dass der Missbrauch ans Licht kommt. Er sagt dem Mädchen vielleicht, er habe sie sehr lieb und sie dürfe keinem etwas über seine besondere Beziehung zu ihr verraten. Dadurch gerät das Mädchen in einen Gefühlskonflikt. Einerseits liebt sie den Vater, andererseits will sie aber keine sexuelle Beziehung zu ihm. Vielleicht macht der Vater ihr auch weis, der sexuelle Kontakt mit ihm sei etwas Normales, er bringe ihr lediglich bei, was sie später wissen müsse. Oder er behauptet, sie habe ihn dazu herausgefordert und sie habe sich das alles selbst zuzuschreiben. Eventuell sagt der Vater, die Mutter wäre entsetzt, wenn sie davon erfahren würde. Er müsse ins Gefängnis und das Mädchen selbst werde in ein Heim geschickt. Oder aber er besticht sie mit neuen Kleidern oder Spielzeug. Er verwöhnt sie und erlaubt ihr Dinge, die sie sonst nicht darf, um sich ihr Schweigen zu erkaufen. Mancher Vater erzwingt auch ganz einfach den sexuellen Kontakt und droht dem Mädchen Schläge an, falls sie etwas sagt.

DAS SCHWEIGEN GEBROCHEN

Lydia wurde von ihrem siebten Lebensjahr an von ihrem Vater sexuell missbraucht. Wenn ihre Mutter in der Küche den Abwasch erledigte, saß er im Wohnzimmer vor dem Fernseher. Er hatte Lydia auf dem Schoß und fasste ihr an die Brust und zwischen die Beine. Manchmal kam er auch zu ihr ins Bett. Dann legte er sich auf sie und forderte sie auf, seinen Penis anzufassen. Lydia fand das alles grässlich. Aber sie schämte sich so sehr, dass sie schwieg. Als sie dreizehn war, fiel ihr auf, dass der Vater sich immer häufiger mit ihrer sechsjährigen Schwester beschäftigte. Sie wollte unter allen Umständen verhindern, dass ihre Schwester das Gleiche durchmachen musste wie sie. Deshalb vertraute sie sich einer Lehrerin an. Diese brachte sie mit einer Gruppe in Kontakt, die sexuell missbrauchte Kinder unterstützt. Weil Lydia ihr Schweigen gebrochen hatte, wurde es möglich, dass sie und ihre Schwester Hilfe von außen bekamen.

Warum tut er das?

Mädchen, die von ihrem Vater missbraucht werden, möchten häufig wissen, warum er das macht und was mit ihm passiert, wenn die Sache ans Licht kommt, zum Beispiel, ob er ins Gefängnis muss. Fest steht, dass Väter, die ihre Töchter missbrauchen, Macht ausüben wollen und keine Achtung vor anderen Menschen haben. Die genauen Gründe für dieses Verhalten muss ein Psychologe oder Psychotherapeut herausfinden. Zu einer Verurteilung des Vaters vor Gericht kommt es nur, wenn das Mädchen Anzeige erstattet und bei der Verhandlung gegen ihn aussagt.

UND DIE MÜTTER?

Mädchen, die von ihrem Vater missbraucht werden, denken meist, die Mutter wüsste Bescheid. Das kann zwar der Fall sein, aber oft hat die Mutter keine Ahnung. Wenn sie es erfährt, ist sie tief schockiert und oft gar nicht in der Lage zu helfen.

Das Mädchen trifft nie Schuld!

Was immer mit dem Vater passiert, ist in jedem Falle sein Problem und nicht das des Mädchens. Er hat seine Tochter missbraucht und trägt dafür die gesamte Verantwortung. Was er seiner Tochter angetan hat, kann er nie wieder gutmachen. Trotzdem fürchtet das Mädchen möglicherweise, die Mutter oder ihre Geschwister könnten wütend auf sie sein, weil sie den Vater in Schwierigkeiten gebracht hat. In diesem Fall muss eine außenstehende Person der Familie klar machen, dass das Mädchen vollkommen richtig gehandelt hat. Schließlich hat der Vater mit seinem Verhalten die Familie zerstört und nicht das Mädchen.
Zu all den schlimmen Erlebnissen, die das Mädchen verarbeiten muss, dürfen keinesfalls auch noch Schuldgefühle hinzukommen.

WENN DU BETROFFEN BIST...

... musst du unbedingt das Schweigen brechen und Hilfe von außen suchen.

● Finde zunächst heraus, ob deine Geschwister von dem Missbrauch wissen und auch vom Vater bedrängt werden.

● Sprich dann mit einer guten Freundin darüber und bitte sie, dich zu unterstützen.

● Wende dich nun an eine außenstehende, erwachsene Person, zum Beispiel deine Großmutter oder eine Lehrerin. Oder du wendest dich an eine Beratungsstelle, die es in jeder größeren Stadt gibt.

Gewalt in der Familie

Nicht nur sexueller Missbrauch, sondern auch andere Formen der Gewalt kommen in Familien vor und dürfen niemals ignoriert oder als „normal" abgetan werden. Noch heute gelten Ohrfeigen und Schläge in vielen Familien als „normales" Erziehungs- mittel. „Ein Klaps hat noch keinem geschadet", denken viele Eltern. Doch jeder Schlag ist ein Schlag zu viel. Und nicht selten kommt auf diese Weise ein Prozess in Gang, der in der Misshand- lung des Kindes endet.

Misshandlung und Vernachlässigung ...

Körperliche Misshandlung liegt vor, wenn ein Kind ständig geschlagen und getreten wird. Wird ein Kind immer wieder gedemütigt oder eingeschüchtert, spricht man von seelischer Misshandlung. Es kommt auch vor, dass Eltern ihre Kinder vernachlässigen. Sie sorgen zum Beispiel nicht dafür, dass sie saubere Kleidung, nahrhaftes Essen und genügend Aufmerk- samkeit bekommen.

... und die Folgen

Oft können die betroffenen Kin- der nicht über ihre Situation sprechen – genau wie es beim sexuellen Kindesmissbrauch der Fall ist. Sie sind auch nicht in der Lage, ihre Probleme allein zu lösen, sondern brau- chen Hilfe von außen. Ein körperlich oder seelisch miss- handeltes Kind kann kaum jemals ein gesundes Selbst- bewusstsein entwickeln. Oft trägt es schwere seelische Schäden davon, die sein Leben nachhaltig beeinflussen.

UNTER GESCHWISTERN

Wenn ein Kind ständig vom älteren Bruder oder der älteren Schwester geschlagen oder schikaniert wird, ist das keineswegs „norma- les" geschwisterliches Verhalten, sondern be- deutet eine körperliche oder seelische Miss- handlung. Das Opfer kann dauerhafte Schäden davontragen. Besonders problematisch kann die Beziehung unter Stiefgeschwistern sein, die nicht zusammen aufgewachsen sind und um die Aufmerksamkeit der Eltern konkurrie- ren. Dadurch können sich heftige Konflikte er- geben. In einem solchen Fall müssen die Eltern unbedingt eingreifen. Wenn sie das Problem als unbedeutend abtun, muss Hilfe von außen gesucht werden.

Gewalt in einer Beziehung

Gewalt und Liebe schließen einander aus. Liebe erschöpft sich nicht darin, dass man zum anderen sagt: „Ich liebe dich." Sie äußert sich vor allem im Umgang miteinander. Ein Junge, der seiner Freundin gegenüber misstrauisch ist und sie ständig kontrolliert und vielleicht sogar schlägt, zeigt damit seine Unsicherheit. Mit Liebe hat das nichts zu tun.

LIEBE BEDEUTET RESPEKT

Um geliebt zu werden, musst du keinesfalls deine Unabhängigkeit aufgeben oder dich passiv verhalten. Schließlich möchtest du so geliebt werden, wie du bist. Deshalb solltest du eine Beziehung aktiv mitgestalten. Deine Wünsche und Bedürfnisse sind ebenso wichtig wie die deines Freundes. Wenn du etwas nicht möchtest, scheue dich nicht, nein zu sagen. Sage nicht ja, nur weil du glaubst, das würde von dir erwartet.

Wenn er über sie bestimmen will

Ein Junge, der zu Tätlichkeiten gegenüber seiner Freundin neigt, will meist über sie bestimmen. Er will ihr vorschreiben, wie sie sich zu kleiden hat. Er kontrolliert sie durch ständige Telefonanrufe. Geht sie ohne ihn aus, reagiert er eifersüchtig und wütend. Er versucht sie von ihrer Familie und ihrem Freundeskreis zu isolieren und stellt sie vor die Wahl: „Entweder ich oder die anderen!" Anfangs kritisiert er sie wahrscheinlich nur mit Worten, später kann es vorkommen, dass er zuschlägt.

Ein Kreislauf von Gewalt und Verzeihen

Körperliche Gewalt folgt einem Kreislauf. Der Junge schlägt das Mädchen. Sie ist schockiert. Er ist zerknirscht und sagt, es tue ihm Leid und es werde nie mehr vorkommen. Er liebe sie so sehr, dass er den Gedanken, sie zu verlieren, einfach nicht ertragen könne. Sie habe ihn mit ihrem Verhalten eifersüchtig gemacht. Sie hat Verständnis und verzeiht ihm. Sie verspricht sich zu ändern und ihm keinen Grund mehr zur Eifersucht zu geben. In der nächsten Zeit ist er besonders lieb. Bis er sie erneut schlägt. Wieder entschuldigt er sich und sagt, sie hätte ihn eben nicht provozieren dürfen. Wieder zeigt sie Verständnis und verzeiht ihm. Wieder ist alles in Ordnung. Bis er das nächste Mal zuschlägt.

LiEBESBEWEiS?!

„Ihr Fehler?"

Jedes Mal ist es „ihr Fehler". Doch wenn sie sich ändert, nützt das überhaupt nichts, denn das Problem liegt bei ihm. Ist der Kreislauf erst einmal in Gang gekommen, lässt er sich nicht so einfach durchbrechen. Mit jedem Schlag verliert das Mädchen ein Stück Unabhängigkeit und Selbstbewusstsein. Im gleichen Maße wächst ihre Angst.

Lieber ein Ende mit Schrecken ...

Wenn du mit einem Jungen befreundet bist, der sich so verhält, brich die Beziehung ab. Sage ihm klar und deutlich, dass du ihn nicht mehr sehen willst.

Wahrscheinlich wird er das nicht einfach akzeptieren. Wenn er dich bedroht, nimm das keinesfalls auf die leichte Schulter. Es kommt häufig vor, dass ein abgewiesener Junge seine Exfreundin mit Anrufen traktiert und sie verfolgt. In solch einem Fall solltest du deine Eltern oder eine Vertrauenslehrerin um Unterstützung bitten. Oder du wendest dich an ein Frauenhaus.

Beim Date vergewaltigt

Eine Vergewaltigung durch Bekannte oder Freunde kommt sehr häufig bei jungen Frauen im Alter zwischen 16 und 26 Jahren vor. Eine Umfrage unter amerikanischen Schülerinnen und Studentinnen hat ergeben, dass etwa ein Viertel von ihnen dies schon erlebt hat.

Ein netter Typ

Der Täter ist in solch einem Fall nicht selten ein netter, intelligenter und gut aussehender Junge, kurzum: ein Typ, mit dem sich viele Mädchen gern verabreden würden.

Wird ein Mädchen von einem guten Bekannten oder Freund vergewaltigt, ist ihr oft nicht gleich bewusst, dass es sich um eine Vergewaltigung handelt. Schließlich kennt sie den Täter ja gut und er ist ein Junge wie jeder andere auch.

„Habe ich ihn verführt?"

Dass es bestimmte Klischees über Vergewaltigung und Sexualität gibt, macht die Lage nicht einfacher. So fragt sich das betroffene Mädchen vermutlich: „Hätte ich lieber nicht mit dem Jungen ausgehen sollen? Habe ich ihn verführt? Vielleicht hätte ich ihn nicht küssen dürfen? War meine Kleidung zu aufreizend?"

HÜTE DICH

Eine beliebte Masche unter Typen ist es, das Mädchen mit Alkohol gefügig zu machen. Am besten bleibst du bei Dates nüchtern, dann hast du alle Sinne beisammen und merkst schnell, wenn dir einer zu nahe kommen will.

VOR ALKOHOL

„Nein!"

Je mehr das Mädchen die Verantwortung bei sich selbst sucht, desto schwieriger ist es für sie, den Vorfall als Vergewaltigung zu sehen. Statt gegen den Angreifer richtet sich ihre Wut gegen sie selbst. Sie schämt sich und hat Schuldgefühle. Das ist verkehrt!

Das Schweigen und die Folgen

Vergewaltigungen bei Verabredungen werden so gut wie nie angezeigt. Je enger die Beziehung ist, desto eher wird das Mädchen
über den Vorfall schweigen. Das bedeutet, dass sie mit den schwer
wiegenden Folgen einer Vergewaltigung ganz allein fertig werden muss.

Viele Mädchen, die solch ein Erlebnis hatten, sagen, es habe ihr
Leben grundlegend verändert. Ihr Vertrauen wurde tief verletzt.
Deshalb misstrauen sie nun jedem männlichen Wesen und gehen –
zumindest eine Zeit lang – keine Beziehung zu Jungen mehr ein.

VERDIENT ER DEIN VERTRAUEN?

Vergewaltigungen bei Verabredungen sind, genau wie andere Formen
sexueller Gewalt, im Voraus vom Angreifer geplant. Sie laufen im
Wesentlichen nach dem gleichen Muster ab, das heißt, sie beginnen
mit einem Test. Achte deshalb genau auf das Verhalten des
Jungen, mit dem du ausgehst. Äußert er sich abfällig
über Mädchen und Frauen? Macht er rassistische oder
in anderer Hinsicht beleidigende Bemerkungen?
Dann mangelt es ihm an Achtung vor den Rechten
anderer Menschen. Er wird sich vermutlich auch
nicht groß um deine Rechte scheren. Brich die Beziehung also lieber ab.
Versuche möglichst viel über den Jungen in Erfahrung zu
bringen, mit dem du ausgehen willst. Frage andere, die ihn
gut kennen. Überlasse ihm nicht die Initiative, sondern sage,
was du gern unternehmen möchtest. Deine Wünsche und Bedürfnisse sollten von Anfang an berücksichtigt werden.
Zu Beginn könnt ihr euch im Freundeskreis treffen. Achte darauf,
dass ihr euch anfangs ausschließlich an belebten Orten trefft,
zum Beispiel in einer Disco oder im Kino. Erst wenn du dem Jungen
vollständig vertraust, solltest du dich allein mit ihm verabreden.

Vertrauen zu den Eltern

Oft kommt es zu Vergewaltigungen, wenn ein Mädchen etwas
Verbotenes getan hat. Sie ist zum Beispiel trotz Ausgehverbot
heimlich aus dem Haus geschlichen und hat sich mit einem
Jungen getroffen. Wenn sie dann in eine unangenehme Situation
gerät, zögert sie sehr wahrscheinlich die Eltern anzurufen.
Triff mit deinen Eltern eine Vereinbarung für solche Fälle. Dabei
müssen sich beide Seiten an bestimmte Regeln halten. Du ver-
sprichst, auf deine Sicherheit zu achten und sofort anzurufen,
wenn du ein ungutes Gefühl hast. Deine Eltern versprechen, dich
zu jeder Tages- und Nachtzeit abzuholen, und zwar ohne Vorwürfe
und ohne lange Fragerei.

Im Notfall

Solltest du trotz aller Vorsichtsmaßnahmen in eine gefährliche
Lage geraten, setzt du dich ebenso heftig zur Wehr, wie du es
bei einem Fremden tun würdest. Wenn ein Bekannter dich zu vergewaltigen versucht, handelt er in voller Absicht gegen deinen

VERGEWALTIGT

Leah lernte Thomas auf der Party einer Freundin kennen. Sie fand ihn sehr nett. Die beiden tanzten zusammen und verstanden sich ausgezeichnet. Als Thomas Leah anbot, sie nach Hause zu fahren, zögerte sie. Eigentlich wollte sie sich von ihren Eltern abholen lassen. Aber Thomas meinte, das sei doch unnötig, zumal er in die gleiche Richtung müsse. Auf dem Nachhauseweg bog er von der Hauptstraße in ein Waldstück ab. Leah bekam Angst. Er be- drängte sie und wollte ein Küsschen. Notgedrungen ließ Leah zu, dass er sie küsste. Dann forderte sie ihn auf, sie sofort nach Hause zu bringen. Thomas aber lachte nur. Sie war vollkommen verängstigt und unfähig sich zu verteidigen. Als Thomas sie später zu Hause absetzte, lächelte er und sagte beiläufig: „Vielleicht ruf ich dich nächste Woche an und wir können uns noch mal treffen." Leah war fassungslos: Sie war vergewaltigt worden.

Willlen. Warum also solltest du Rücksicht auf ihn nehmen? Außerdem läufst du Gefahr, dich mit Aids oder einer Geschlechtskrankheit anzustecken oder schwanger zu werden.

SO SCHÜTZT DU DICH

1. Verabrede dich nicht an einsam gelegenen Stellen.

2. Wie du nach Hause kommst, solltest du im Voraus klären. Warte auf keinen Fall darauf, dass jemand dir anbietet, dich zu fahren. Du solltest immer eine Telefonkarte und genug Geld für eine Taxifahrt bei dir haben.

3. Gehe nie mit in eine fremde Wohnung – auch nicht mit einem Bekannten.

4. Wenn du auf einer Party oder in der Disco bist, behalte dein Glas immer in der Hand. So kann dir niemand unbemerkt Alkohol oder Drogen in dein Getränk mischen.

5. Trinke keinen Alkohol, nimm keine Drogen und achte darauf, wie sich dein Partner in dieser Hinsicht verhält. Bei der Mehrzahl der Vergewaltigungen bei Verabredungen ist Alkohol im Spiel. Alkohol senkt bei Jungen und Männern die Hemmschwelle für Gewalttätigkeiten. Bei Mädchen und Frauen beeinträchtigt Alkohol das klare Denken und hemmt die Fähigkeit zur Verteidigung.

6. Zahle grundsätzlich selbst und lasse dich nicht einladen. Bei einer Umfrage vertraten 39 Prozent der Jungen und 12 Prozent der Mädchen die Meinung, ein Mann habe ein Anrecht auf Geschlechtsverkehr, wenn er eine größere Summe Geld für die Frau ausgegeben hat.

LASS MAL STECKEN !
iCH ZAHL DAS SCHON !
VERPFLiCHTET DiCH
ZU NiCHTS !

Was tun, wenn es viele sind?

Dass ein Mädchen mit mehreren Angreifern konfrontiert wird, kommt leider häufiger vor, als man glaubt. Auch in diesem Fall gehen die Täter planvoll vor. Behinderte, lesbische, schwarze oder ausländische Mädchen sind solchen Angriffen in besonderem Maße ausgesetzt. Sie gehören zu Gruppen, denen viele Leute mit Vorurteilen begegnen. Daher besteht die Gefahr, dass eine Gruppe Angreifer an dem Mädchen „ein Exempel statuiert".

ENTKOMMEN

Jenny, ein schwarzes deutsches Mädchen, war eines Abends auf dem Nachhauseweg, als mehrere Jungen (es waren weiße Deutsche) aus einer Kneipe kamen. Sie vertraten ihr den Weg. Jenny witterte sofort Gefahr, drehte sich um und rannte schreiend in die Gegenrichtung. Die Jungen verfolgten sie und schrien dabei gemeine Beschimpfungen, die sich auf Jennys Hautfarbe bezogen. Es gelang ihr, die belebte Hauptstraße zu erreichen, wo viele andere Passanten unterwegs waren. Da gaben die Jungen die Verfolgung auf.

Wenn Drogen oder Alkohol im Spiel sind,

musst du besonders wachsam sein. Dass Jungen betrunken oder high sind, kann nicht als Ausrede für sexuelle Gewalt herhalten. Sie wissen sehr genau, was sie tun. Trink selbst keinen Alkohol und nimm nie Drogen, wenn du dich in der betreffenden Gruppe nicht absolut wohl fühlst.

In die Falle gelockt

Auch eine Gruppe von Vergewaltigern sucht sich meist ein Opfer, das sie kennt. Manchmal werden Situationen, in denen das Mädchen allein ist, regelrecht „konstruiert". Ist zum Beispiel eine gemischte Gruppe im Auto auf dem Nachhauseweg, setzen die Jungen die Mädchen nacheinander ab und die Letzte wird ihr Opfer. Oder ein Mädchen wird zu einer Party eingeladen und stellt dann fest, dass außer ihr nur Jungen da sind. Oder die Jungen machen ein Mädchen auf einer Party so betrunken, dass sie sich nicht mehr zur Wehr setzen kann, und vergewaltigen sie nacheinander.

Dabei macht stets der Anführer den Anfang, nach ihm sind die anderen dran. Für das Opfer ist die Demütigung besonders schlimm, weil die Gruppe dabeisteht und sich amüsiert. Es kann dabei durchaus vorkommen, dass sich auch ein Junge, der allein nie sexuelle Gewalt ausüben würde, an einer Gruppenvergewaltigung beteiligt.

Da das Kämpfen angesichts der Übermacht aussichtslos erscheint, wehrt sich das Mädchen meist gar nicht. Doch auch in diesem Fall sollte sie sich – zumindest mit Worten – zur Wehr setzen.

DAMIT DU NIE IN DIESE SITUATION KOMMST

Achte darauf, dass du möglichst nie das einzige Mädchen in einer Gruppe bist. Falls du doch einmal mit mehreren Jungen im Auto unterwegs bist, solltest du dich immer neben eine Tür setzen. Bietet ein Freund an, dich irgendwohin zu fahren und es kommen zufällig noch ein paar andere Jungen dazu, nimm das Angebot nicht an. Wenn du mit einem Jungen verabredet bist und es tauchen unerwartet ein paar seiner Freunde auf, gehe weg. Liegt dem Jungen wirklich etwas an dir, versteht er deine Bedenken. Du solltest dich nie scheuen, im Interesse deiner Sicherheit zu handeln.

Gehe nicht zu Partys in leer stehenden Häusern und in einsamen Gegenden oder zu Leuten, die du kaum kennst.

Überlege dir immer im Voraus, wie du von einer Party nach Hause kommst – überlasse nichts dem Zufall! Vereinbare mit deinen Freundinnen, dass ihr euch gegenseitig im Auge behaltet.

FEUER!

Bei einem Angriff

Bist du mit mehreren Angreifern konfrontiert, schreie so laut du kannst. Damit machst du Passanten auf dich aufmerksam und zeigst zugleich, dass du kein passives Opfer bist. Halte dich möglichst am Rand der Angreifergruppe. Lass dich nicht einkreisen. Versuche eine natürliche Barriere (zum Beispiel im Freien ein Auto oder einen Zaun und in der Wohnung eine Couch oder ein anderes Möbelstück) zwischen dich und die Angreifer zu bringen. Sieh dich nach dem besten Fluchtweg um und renne, was deine Beine hergeben.

Wenn du keine Fluchtmöglichkeit hast, wehrst du dich mit Händen und Füßen, sobald einer der Jungen auf dich zukommt. Ein Kugelschreiber, deine Haarspange, deine Nagelfeile oder eine herumstehende Bierflasche können als Waffe dienen. Wenn es dir gelingt, einen der Jungen zu verletzen (idealerweise den Anführer), kannst du vielleicht den Moment der Verwirrung nutzen und davonrennen.

Falls das nicht möglich ist, sage immer wieder laut: „Nein!"
Ziehe die Angreifer zur Verantwortung, indem du sagst: „Was ihr vorhabt, ist Vergewaltigung. Dafür kommt ihr ins Gefängnis."
Vielleicht öffnet das einem der Jungen die Augen. Wenn auch nur ein Einziger nicht mehr mitmachen will, ist die Macht der Gruppe geschwächt.

Es kann auch vorkommen, dass einer der Jungen dir anbietet, dich vor den anderen zu schützen, wenn du mit ihm schläfst.
Glaube ihm nicht.
Auch er hat nur eines im Sinn: dich zu vergewaltigen.

Wenn es passiert

Wenn du Opfer einer Gruppenvergewaltigung wirst, versuche nicht, dich von dem Geschehen zu distanzieren. Manchmal hören Vergewaltigungsopfer auf zu denken, um das Schreckliche nicht bewusst zu erleben. Du musst dich aber ganz darauf konzentrieren, dass du lebend aus der Situation herauskommen willst. Schaltest du dein Denken ab, entgeht dir womöglich eine Chance zu fliehen.

Versichere den Angreifern, dass du keiner Menschenseele etwas erzählen wirst. Sag ihnen, du würdest dich viel zu sehr schämen für das, „was du getan hast". Sag ihnen alles, was sie hören wollen – Hauptsache, du kommst davon.

Stelle dir folgende Situationen vor und überlege, wie du dich jeweils verhalten würdest.

SO KANNST DU EINER **FREUNDIN HELFEN**

Wenn ein anderes Mädchen auf der Party angegriffen wird, unternimm etwas: Stelle die Musik ab, schlage Alarm, wirf ein Fenster ein oder mache das Licht aus. Tu dich mit den anderen Mädchen zusammen: Gemeinsam seid ihr stark und könnt gegen die Angreifer vorgehen. Ist nichts von alledem möglich, renne weg und benachrichtige sofort die Polizei.

Was würdest du tun?

● Nach einem Kneipenbesuch bietet dir ein Freund an, dich nach Hause zu fahren. Als ihr auf den Parkplatz kommt, warten schon zwei andere Jungen im Auto.

● Du bist bei deinem Freund. Ihr seht fern und küsst euch. Seine zwei Mitbewohner kommen betrunken ins Zimmer und machen anzügliche Bemerkungen. Du hast das Gefühl, dass sie dich vergewaltigen wollen.

● Du bist auf einer Party. Es wird ziemlich viel getrunken und auch du fühlst dich schon ein bisschen benebelt. Du siehst, wie ein anderes, völlig betrunkenes Mädchen von einem Jungen hochgehoben und nach oben getragen wird. Anschließend gehen noch ein paar Jungen die Treppe hinauf. Du hörst das Mädchen weinen und die Jungen johlen und lachen.

Tatort Schule

Du verbringst einen großen Teil des Tages in der Schule; sie ist ein wichtiger Bestandteil deines Lebens. Du hast dort mit den verschiedensten Menschen zu tun. Diese individuellen Unterschiede sind eine Bereicherung; sie bieten die Chance, über die eigene Lebenswelt hinauszublicken und zu erfahren, wie andere leben, was sie denken und fühlen.

Mobbing — alles ganz normal?

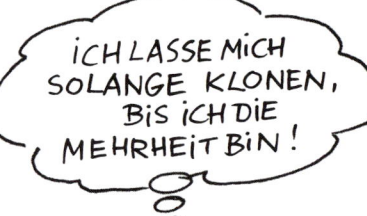

Manche sind aber gerade wegen dieser Andersartigkeit verunsichert. So werden zum Beispiel behinderte oder lesbische Mädchen verhöhnt und sogar bedroht. Andere werden wegen ihres sozialen Umfeldes lächerlich gemacht, oder weil sie dick sind oder nicht der gängigen Normvorstellung von „Schönheit" entsprechen. Wieder andere werden wegen ihrer Religion, Nationalität oder Hautfarbe angemacht.

Belästigungen können dabei von einzelnen Schülern, von einer Gruppe, aber auch von Lehrern oder Verwaltungsangestellten ausgehen.

Gute Lehrer — schlechte Lehrer

Aufgabe der Lehrer ist es nicht nur, den Lernstoff zu vermitteln. Sie sind auch für das „Klima" an der Schule verantwortlich und sollen den Schülern Werte wie Toleranz und Offenheit im Umgang miteinander nahe bringen.

Leider nutzen manche Lehrer ihre Macht aus. Wenn beispielsweise ein Lehrer rassistische Bemerkungen macht, ist es schwierig, sich dagegen zu wehren, weil er am längeren Hebel sitzt.

Kein Stillschweigen

Auch in der Schule hast du das Recht zu widersprechen, wenn du selbst ungerecht behandelt wirst oder wenn eine Mitschülerin angegriffen wird. Natürlich erfordert dies Mut. Doch wer schweigt, stimmt zu! Äußert ein Lehrer im Unterricht Vorurteile, mache ihn darauf aufmerksam. Leichter ist es, wenn deine Eltern oder Freunde dich dabei unterstützen.

Gruppenzwang

Besonders in der Gruppe wird Schweigen als Zustimmung aufgefasst. Wenn nur eine oder einer protestiert, schwächt das die Macht der ganzen Gruppe. Gerade in solchen Situationen solltest du den Mund aufmachen und sagen, dass du es nicht richtig findest, was ihr – also die Gruppe – macht.

GEDEMÜTIGT

Die 13-jährige Fadime, ein kurdisches Mädchen, war erst vor kurzem mit ihrer Mutter aus der Türkei nach Deutschland gekommen. In der Türkei waren sie als Kurden verfolgt worden. In Deutschland sah man sie als Türken an. So begegneten sie auch hier wieder Rassismus und Diskriminierung. Fadime konnte anfangs kein Deutsch und hatte im Unterricht Mühe, alles zu verstehen. Deshalb musste sie ständig Hänseleien von ihren Mitschülern erdulden. Eines Tages stellte der Lehrer in der Mathematikstunde eine Aufgabe, bei der der Winkel zwischen der Wand und der Decke berechnet werden sollte. Weil Fadime das Wort „Decke" unbekannt war, konnte sie die Aufgabe nicht lösen. Statt ihr das Wort zu erklären, machte der Lehrer sich vor der ganzen Klasse über sie lustig: „Weißt du etwa nicht, was eine Decke ist? Wo kommst du eigentlich her? Vom Mars?" Die Schüler lachten. Gedemütigt und tränenüberströmt rannte Fadime aus dem Klassenzimmer.

Vorsicht — pubertierende Jungs

Mädchen sind in der Schule zusätzlich sexuellen Belästigungen ausgesetzt. Besonders in der Pubertät meinen manche Jungen, die bisher nette Freunde waren, sie müssten ihre „Männlichkeit" beweisen. Sie machen anzügliche Gesten und Bemerkungen, schreiben zotige Sprüche über Mädchen an die Wand, lassen BH-Träger schnalzen und heben Röcke hoch. Mitunter kommt es zu massiven Belästigungen und sogar zu Vergewaltigungen.

Das Verhalten der Jungen wird oft mit Phrasen entschuldigt wie „So sind Jungen nun mal". Aber Mädchen müssen sich das keineswegs gefallen lassen. Wenn du dich gemeinsam mit deinen Freundinnen wehrst, seid ihr stärker als jede für sich.

WAS KANNST DU TUN?

Für ein Mädchen kommt es oft völlig überraschend, wenn ein Klassenkamerad sie massiv belästigt, denn damit rechnet sie nicht. Sei dir also im Klaren darüber, dass auch gleichaltrige Jungs dich zunehmend als sexuelles Wesen wahrnehmen und nicht mehr als „Kumpel". Lass Annäherungen erst gar nicht zu. Setze von vornherein klare Grenzen.

GESCHAFFT

Die Mädchen einer sechsten Schulklasse nahmen geschlossen an einem Selbstverteidigungskurs teil. Sie berichteten der Kursleiterin von einem Jungen, der sie immer wieder belästigte und ihnen an den Busen fasste. Die Kursleiterin ermutigte die Mädchen, sich zur Wehr zu setzen und riet ihnen, sich an eine Lehrerin zu wenden. Sie sprachen mit der Mathelehrerin, die dem Jungen dann sagte, er solle die Mädchen nicht mehr belästigen. Aber sie ließ die Sache auf sich beruhen, als er lediglich grinste und meinte: „Wozu sollen Mädchen denn sonst gut sein?" Die Mädchen nahmen die Sache nun selbst in die Hand. Sie fotografierten den Jungen, als er gerade einem Mädchen an die Brust griff. Sie drohten, das Foto im Aufenthaltsraum an die Wand zu hängen. Ihre Aktion verursachte eine Menge Wirbel an der Schule. Etliche Lehrer und Eltern waren entsetzt über das, was die Mädchen gemacht hatten. Das Verhalten des Jungen dagegen taten sie als unbedeutend ab. In der Klasse jedoch wurde der Junge geschnitten, bis er sich letztlich doch entschuldigte und die Mädchen in Ruhe ließ.

WIRD MANN VON HORMONEN ÜBER- MANNT...

Wenn ein Lehrer es versucht

Wenn ein Lehrer ein Mädchen zu sexuellen Handlungen verleitet
oder zwingt, macht er sich strafbar. Oft mag das Mädchen den
Lehrer und bewundert ihn vielleicht. Wenn er mit ihr flirtet oder
sich ihr sexuell nähert, fühlt sie sich verunsichert und weiß
nicht, wie sie sich verhalten soll. Die erste Berührung
kann wie zufällig wirken. Der
Lehrer legt ihr beispielsweise
die Hand auf die Schulter oder
aufs Knie.

In solch einem Fall solltest du dich
auf dein Gefühl verlassen. Sobald du
dich unbehaglich fühlst, hast du das
Recht, es zu sagen. Sage laut und deutlich: „Fassen Sie mich nicht an." Sagst
du nichts und es handelt sich tatsächlich um einen Test, macht er weiter.
Sollte die Berührung ganz harmlos gemeint sein, hat er auch Verständnis
dafür, wenn sie dir nicht angenehm ist.

Wie reagierst du?

Wie würdest du in den folgenden Situationen reagieren?

1. Nach dem Unterricht unterhältst du dich mit einer Freundin. Als ihr an zwei Jungen vorbeigeht, werdet ihr obszön angemacht.

2. Dein Lehrer sagt, dass du eine Fünf in Mathematik bekommst, wenn du dich nicht erheblich verbesserst. Er ist bereit, dir Nachhilfe zu geben. Er streichelt dein Bein.

3. In der Pause geht ein Junge an dir vorbei und fasst dir an den Po.

4. In der Cafeteria sitzen zwei Jungen an einem Tisch und lachen laut über ein behindertes Mädchen.

5. Eine ausländische Klassenkameradin wird von zwei anderen Mädchen ausgelacht, weil sie ein Kopftuch trägt.

6. Als du dich nach der Schule gerade auf den Nachhauseweg machen willst, bittet dich der Hausmeister, ihm kurz im Büro zu helfen. Du kommst mit und er sagt zu dir, du solltest ihm die Schere aus der Schublade geben. Du ziehst die Schublade auf und siehst unter der Schere ein aufgeschlagenes Pornoheft liegen.

So kannst du
dich schützen

Sicherheit im Hause

Es ist eine Tatsache, dass sehr viele Fälle von Missbrauch innerhalb der Familie vorkommen. Dennoch fühlen sich die meisten Mädchen zu Hause sicher. Diese Sicherheit kannst du durch
bestimmte Vorsichtsmaßnahmen erhöhen.

Beim Nachhausekommen

Wenn du in einem Wohnblock lebst, achte beim Nachhausekom-
men darauf, ob sich verdächtige Personen in der Nähe des
Eingangs aufhalten. Siehst du dort eine Gruppe Jungen oder Männer stehen, gehe wieder weg. Rufe von einer Telefonzelle aus
zu Hause an und bitte, dass jemand herunterkommt und an der
Haustür auf dich wartet.

Wenn du nach Hause kommst und auf die Haustür zugehst, solltest du den Schlüssel in der Hand halten und nicht erst danach
suchen müssen. Sieh dich nach allen Seiten um, bevor du auf-
schließt. Angreifer nutzen oft diesen Moment der Ablenkung.

Lass grundsätzlich niemanden mit ins Haus, es sei denn, du weißt,
dass der Betreffende ein Hausbewohner ist. Allein die Tatsache,
dass jemand einen Schlüssel in der Hand hat, weist ihn nicht als

Hausbewohner aus. Mache deshalb die Tür hinter dir zu. Der andere soll sie selbst aufschließen. Und noch etwas: Gehe nicht allein auf den Dachboden, in den Keller oder in die Tiefgarage einer größeren Wohnanlage.

Die Haustür

Haus- und Wohnungstüren sollten immer geschlossen sein, damit kein Unbefugter hereinkann. Öffne nicht, ohne nachzufragen, wer da ist. Auch wenn du eine Freundin erwartest, solltest du dich per Gegensprechanlage vergewissern oder aus dem Fenster schauen, ob wirklich sie vor der Tür steht. Erst dann betätigst du den Türöffner.

Ist dir der Betreffende nicht bekannt, mache auf keinen Fall die Tür auf. Auch nicht einen Spalt mit vorgelegter Kette – die Kette stellt kein echtes Hindernis dar, wenn sich jemand mit Gewalt Zugang verschaffen will.

WEISS JA KEINER, DASS ROBERT UNSER MEERSCHWEINCHEN IST.

EVA, SUSI & ROBERT FELLHAGEN

KENNST DU DIESE TRICKS?

Viele Männer versuchen sich mit Tricks Zugang zu Häusern oder Wohnungen zu verschaffen. Einige Beispiele:
Der Mann sagt,

• er wolle nur mal schnell telefonieren, weil er eine Autopanne habe, sein Kind krank geworden sei, seine Frau in den Wehen liege, sein eigenes Telefon gestört sei.
• er habe die Nachbarn besuchen wollen, und da diese nicht zu Hause seien, brauche er einen Zettel und einen Bleistift, um eine Nachricht zu hinterlassen.
• er wolle etwas verkaufen.

• er sei Polizist.
• er sei Monteur von den Stadtwerken oder vom Störungsdienst der Telekom und müsse die Stromleitungen bzw. die Telefonleitung überprüfen.
• der Vermieter habe ihn geschickt, damit er die Heizung oder irgendetwas anderes repariert.
• er sei der Schornsteinfeger.
• er wolle ein Paket abliefern.
• er sei ein Freund deiner Mutter, deines Vaters oder Bruders und wolle ein Buch oder irgendetwas anderes abholen oder abgeben.

Welche **Fluchtmöglichkeiten** gibt es?

Trotz aller Vorsichtsmaßnahmen kann es vorkommen, dass du zu Hause von einem Bekannten angegriffen wirst. In dieser Situation ist ein Plan sehr hilfreich. Überlege dir im Voraus, welche Verteidigungs- und Fluchtmöglichkeiten du in jedem Zimmer hast.

POLIZEI-NOTRUF

Präge dir die Notrufnummer der Polizei ein: 110. Klebe sie zusätzlich aufs Telefon und programmiere sie in den Kurzwahlspeicher ein. Wenn du in einer Notlage die Polizei anrufst, versuche ganz ruhig zu bleiben: Nenne deine Adresse, schildere kurz und knapp deine Lage und beschreibe, wo im Haus du dich befindest.

Stelle dir vor,

du müsstest aus der Küche fliehen. Wohin rennst du am besten? Zur Wohnungs- oder Terrassentür, um ins Freie zu gelangen? Oder ist es zum Bad oder zur Toilette näher, wo du dich einschließen kannst? Ideal ist ein von innen abschließbarer Raum mit Telefon oder einem Fenster, durch das du in den Garten steigen kannst. Wenn du in einem höheren Stockwerk wohnst, schließt du dich am besten in einem Zimmer mit Fenster zur Straßenseite hin ein. So kannst du aus dem Fenster um Hilfe rufen.

Hast du es geschafft,

ins Freie zu flüchten, an wen würdest du dich dann wenden? Bei welchen Nachbarn ist meistens jemand zu Hause? Wer sonst könnte dir helfen? Zur Not rennst du auf die Straße und hältst ein Taxi an.

Babysitten

Bevor du zum ersten Mal zum Babysitten in eine
fremde Wohnung gehst, informierst du dich
genau über deine Auftraggeber. Am besten lässt
du dich beim ersten Mal von deinen Eltern
hinbringen, damit sie die Leute kennen lernen.
Gehst du zu Bekannten, hinterlässt du trotzdem
zu Hause immer Adresse und Telefonnummer.
Für den Aufenthalt in einer fremden Wohnung
gelten die gleichen Sicherheitsvorkehrungen wie

> **AM BESTEN**
> lässt du auch keine dir bekannten
> Jungen oder Männer in die Woh-
> nung, solange du allein bist.
> Das Gleiche gilt für den Fall, dass
> du dich in einer fremden Woh-
> nung aufhältst, beispielsweise
> zum Babysitten.

zu Hause. Lass die Kinder, die du beaufsichtigst, nicht zur Tür
oder ans Telefon gehen. Mache auch selbst die Tür nicht auf
und gib dich niemandem gegenüber als Babysitter zu erkennen.
Wer deine Auftraggeber sprechen will, soll am nächsten Tag
anrufen oder wieder kommen. Und wer etwas abzugeben hat, soll
es vor die Wohnungstür stellen.
Lege dir einen Zettel mit den wichtigsten Notrufnummern neben
das Telefon. Notiere darauf auch die genaue Adresse der Wohnung, in der du dich befindest. So hast du im Notfall alle Anga-
ben parat. Lade keine Freunde in die Wohnung deiner Auftraggeber ein, es sei denn, du hast das mit ihnen abgesprochen.

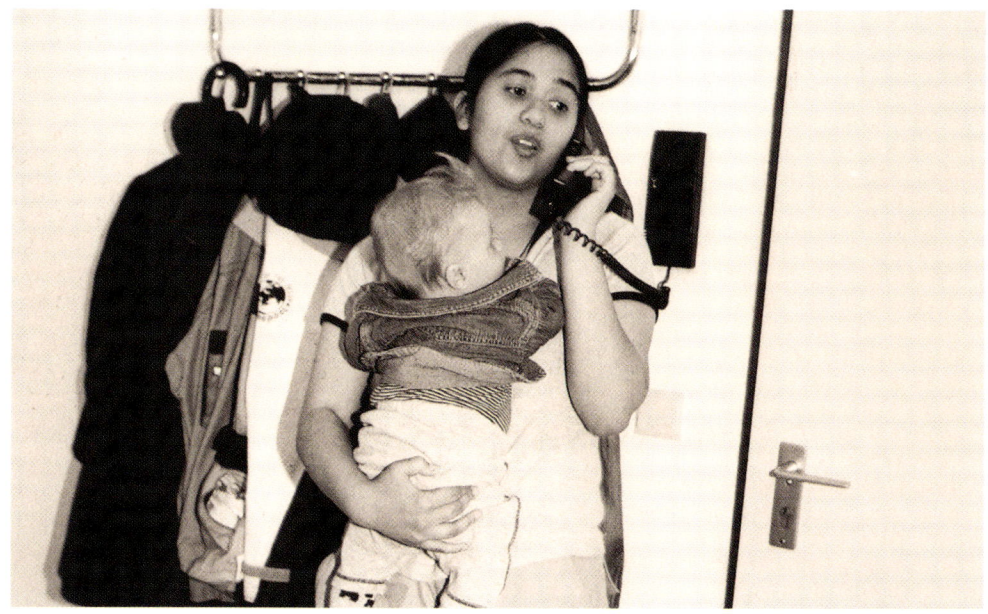

Telefonterror

DER VERSUCHT'S NIE WIEDER!

Manche Männer rufen Mädchen und Frauen unter einem offiziellen Vorwand an. In Wirklichkeit geht es ihnen darum, sie zu belästigen.

Wenn der Anrufer seinen Namen nicht nennen will, ist der Fall für dich klar: Du legst sofort auf. Sagt er zwar seinen Namen, aber du kennst ihn nicht, lass dich auf kein Gespräch ein. Insbesondere solltest du keine Fragen beantworten.

Raffiniert und trickreich

Der Anrufer gibt sich vielleicht als Marktforscher aus, der eine telefonische Umfrage macht. Er stellt dir am Anfang recht harmlose Fragen, um dein Vertrauen zu gewinnen, und geht dann zu intimen oder obszönen Fragen über.

Auch Einbrecher geben sich bisweilen als Marktforscher aus. Sie wollen herausfinden, was es in der Wohnung zu holen gibt.

Am besten ist es, die Teilnahme an Umfragen jeglicher Art grundsätzlich zu verweigern. Schließlich kannst du nie sicher sein, ob es damit seine Richtigkeit hat.

Bei obszönen Anrufen legst du sofort auf. Manchmal klingelt das Telefon kurz nach solch einem Anruf ein zweites Mal und es meldet sich ein „Polizeibeamter". Er fordert dich auf, beim nächsten Anruf auf den Mann einzugehen. Das sei nötig, damit die Polizei den Anruf zurückverfolgen könne. Das Ganze ist natürlich ein Trick. Die Polizei würde nie so vorgehen.

WENN

die Anrufe nicht aufhören, solltest du deine Eltern informieren. Sie können eine Geheimnummer beantragen oder die Polizei benachrichtigen.

Fall nicht drauf rein

Vielleicht behauptet der Anrufer, er kenne dich und wisse, wo du wohnst und in welche Schule du gehst. Bleibe nicht am Apparat, um herauszukriegen, wer er ist. Genau das will er erreichen.

Internet

Das Internet hat es möglich gemacht, dass du dich mit Leuten aus aller Welt unterhalten kannst. Das macht zweifellos Spaß. Aber es lauern hier auch Gefahren. Männer, die es auf junge Mädchen abgesehen haben, suchen sich per Internet ein Opfer und locken es von zu Hause weg. Gib deshalb einem Gesprächspartner niemals persönliche Informationen über dich und triff keinerlei Verabredungen. Schließlich kannst du nie wissen, mit wem du es zu tun hast. Hinter dem „18-jährigen Jungen aus Fulda" verbirgt sich in Wirklichkeit vielleicht ein 55-jähriger Sexualverbrecher.

DER KICK BEIM INTERNET

ist die Anonymität. Lass dich deshalb niemals auf eine Romanze ein. Viele Mädchen haben bei Verabredungen mit Internet-Bekanntschaften schlimme Erfahrungen gemacht. Andere bekamen per E-Mail pornografische Bilder zugeschickt. Wenn dich jemand per Mail belästigt oder dir obszöne Fotos oder Texte schickt, solltest du das der Polizei melden.

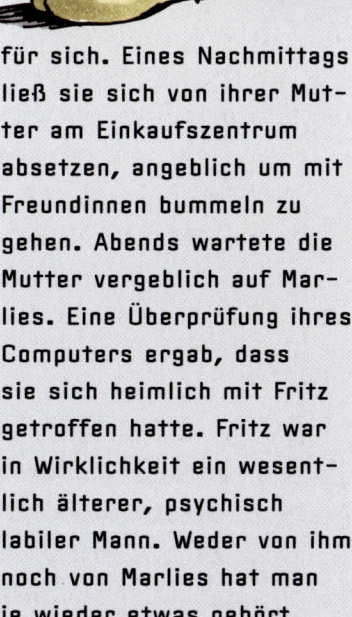

VERSCHWUNDEN

Die 14-jährige Marlies lernte im Internet den Jungen Fritz kennen. Über mehrere Monate hinweg unterhielten sich die beiden immer wieder in einem Chatroom. Sie verstanden sich hervorragend. Fritz war nett und verständnisvoll. Schließlich gestand er ihr seine Liebe und sagte, er wolle sie persönlich kennen lernen. Gleichzeitig bat er sie, niemandem etwas von ihrer Beziehung zu erzählen. Marlies behielt also ihre Internet-Liebe für sich. Eines Nachmittags ließ sie sich von ihrer Mutter am Einkaufszentrum absetzen, angeblich um mit Freundinnen bummeln zu gehen. Abends wartete die Mutter vergeblich auf Marlies. Eine Überprüfung ihres Computers ergab, dass sie sich heimlich mit Fritz getroffen hatte. Fritz war in Wirklichkeit ein wesentlich älterer, psychisch labiler Mann. Weder von ihm noch von Marlies hat man je wieder etwas gehört.

Sicherheit an **öffentlichen** Orten

Außerhalb der Wohnung fühlen sich viele Mädchen besonders gefährdet. Bereite dich bewusst auf Situationen vor, die dich ängstigen. Spiele in Gedanken genau durch, wie du bei einem Übergriff reagieren, dich verteidigen und entkommen könntest.

Kleidung

In Stöckelschuhen und engem Mini kannst du im Ernstfall kaum fliehen. Deshalb beginnt Selbstschutz bereits bei der Kleidung. Kleidung und Schuhe sollten bequem und nicht hinderlich sein. In Hosen solltest du das Knie problemlos bis in Hüfthöhe bringen können. Andernfalls kannst du dich nicht mit Fußtritten zur Wehr setzen. Trägst du einen engen Rock, kremple ihn so weit hoch, dass du treten und wegrennen kannst.

Kleine Rucksäcke sind praktischer als Handtaschen, weil du damit im Ernstfall beide Hände zum Kämpfen frei hast. Schlüssel, Geld und Ausweis solltest du grundsätzlich am Körper tragen (zum Beispiel in der Hosentasche) und nicht im Rucksack oder in der Handtasche verstauen. Klemme die Handtasche fest unter den Arm, damit sie nicht so einfach wegzureißen ist. An langen Haaren kann man dich festhalten und mit einem Schal kann man dich würgen. Stecke sowohl deine Haare wie auch den Schal unter die Jacke oder den Mantel. Trage keine Lederbändchen und stabile Ketten um den Hals, denn auch damit kann ein Angreifer dich würgen.

Dicke Winterkleidung ist beim Rennen hinderlich. Ziehe den Mantel aus und wirf ihn von dir, wenn du dadurch schneller laufen kannst. Oder wirf ihn dem Angreifer übers Gesicht. Die Sekunden, in denen er abgelenkt ist, nutzt du zur Flucht.

Auf der Straße — selbstbewusst und aufmerksam

Gehe selbstbewusst und mit erhobenem Kopf. Trage auf der Straße keinen Walkman und lies nicht beim Gehen in einer Zeitschrift oder einem Buch. Gehe nicht zu nah an den Häuserzeilen vorbei, sodass dich niemand in einen Hauseingang ziehen kann. Bleibe eher in Straßennähe. Blicke den Jungen und Männern, denen du begegnest, fest in die Augen. Wenn sich jemand an dich heranmachen will, sage ihm, er solle dich in Ruhe lassen, und gehe zügig weiter.

Wohin im Notfall?

Mache dir immer bewusst, wo sich Läden, Telefonzellen oder Taxistände befinden. Dorthin rennst du im Notfall und holst Hilfe. Du kannst auch – vor allem abends – am nächsten Haus klingeln und um Hilfe rufen.

Womit verteidigen?

Überlege, was du als Waffe einsetzen könntest, zum Beispiel einen herumliegenden Stein oder eine Hand voll Erde aus einem Beet neben dem Gehsteig. Vielleicht stehen am Straßenrand Mülltonnen, die du einem Angreifer in den Weg schieben kannst. Oder du wirfst ihm ein abgestelltes Fahrrad vor die Füße …

Handle sofort!

Wenn du das Gefühl hast, verfolgt zu werden, handle rasch und entschlossen. Drehe dich um und sage laut: „Hören Sie auf, mich zu verfolgen! Lassen Sie mich in Ruhe!" Wird die Situation bedrohlich, rennst du schreiend davon und versuchst ein Taxi oder einen Bus anzuhalten. Oder du trittst gegen ein teures Auto, damit die Alarmanlage losgeht. Laufe in einen Laden oder zu einem erleuchteten Haus. Schlage notfalls ein Fenster ein, um die Aufmerksamkeit auf dich zu lenken.

Wirst du von einem Auto verfolgt, drehst du dich um und rennst in die andere Richtung oder du läufst gegen die Fahrtrichtung in eine Einbahnstraße und schreist dabei so laut du kannst.

Straßenraub

Mitunter kommt es auch vor, dass Mädchen auf der Straße beraubt werden. Ist der Angreifer nur auf dein Geld und deine Wertsachen aus, bleibe ruhig und gib ihm alles ohne Widerstand. Damit er sich sicher fühlt und nicht gewalttätig wird, sagst du ihm genau, was du machst, zum Beispiel: „Ich hole jetzt meine Geldbörse aus der Tasche." Versuche nicht, ihn anzulügen oder Wertsachen zurückzubehalten. Wenn er es merkt, bringt ihn das gegen dich auf und verschärft die Situation.

Will er dich irgendwohin mitnehmen, ist offensichtlich, dass er dich nicht nur berauben, sondern auch vergewaltigen will. Schreie in diesem Fall so laut du kannst und setze dich mit aller Kraft zur Wehr.

Sport im Freien

Laufen, skaten, rollern machen Spaß und halten fit. Aber auch
dabei bist du gefährdet. Am besten sportelst du nicht allein,
sondern mit einer Freundin. Aber auch sonst gibt es Vorsichtsmaßnahmen, die dich schützen.

Jogging Laufe nicht jeden Tag um die gleiche
Uhrzeit die gleiche Strecke. Sage grundsätzlich zu Hause Bescheid, wann und wo du läufst.
Deine Laufstrecke sollte nicht durch einsame
Gegenden führen. Laufe vor allem gegen Ende,
wenn du erschöpft bist, in einem belebten Gebiet.
Auf einen Walkman verzichtest du besser. Vor-
sicht ist geboten, wenn ein Auto langsam neben
dir fährt.

Inlineskaten Fahre nur zusammen
mit Freunden und nur in Gegenden, in
denen sich viele andere Leute aufhalten.
Die Inliner behindern dich bei der
körperlichen Verteidigung; du kannst
dich damit kaum wehren und schlecht
entkommen.

PANNE?

Stellst du plötzlich fest, dass dein
Rad nicht fährt, und ein freundlicher Mann bietet dir Hilfe an, lehne
grundsätzlich ab. Er könnte derje-
nige sein, der dein Rad kaputtge-
macht hat. Sei auch auf der Hut,
wenn ein Autofahrer einen kleine-
ren Schaden an deinem Rad verur-
sacht und dir daraufhin anbietet,
dich nach Hause zu bringen.

Fahrrad fahren Halte dein Fahrrad
technisch in Ordnung. Bevor du es auf-
oder abschließt, solltest du dich umsehen,
damit niemand dich überrumpeln kann.
Wenn dir ein Auto folgt, drehst du um und
fährst in die andere Richtung oder
biegst entgegen der Fahrtrichtung in eine
Einbahnstraße ein. Wirst du vom Rad
gestoßen, versuche, rasch die Beine frei-
zubekommen und kämpfe mit Händen und
Füßen.

Öffentliche Verkehrsmittel – sicher?

Beim Warten Halte das Geld für die Fahrt stets bereit. Fange nicht vor dem Fahrscheinautomaten an, in deinen Taschen herumzukramen. Stelle dich mit dem Rücken an eine Wand und nicht vorn in die Nähe der Schienen oder der Straße. Die Vorgänge um dich herum solltest du gut im Auge behalten. Vertiefe dich nicht in ein Buch oder in Musik aus deinem Walkman.

Platzsuche Bevor du im Zug oder in der U-Bahn ein Abteil betrittst, wirf einen Blick hinein. Kommen dir Fahrgäste verdächtig vor, gehe in ein anderes Abteil. Im Bus und in der Straßenbahn suchst du dir einen Platz in der Nähe des Fahrers. Bevor du dich hinsetzt, solltest du dich vergewissern, wo ein Notrufknopf oder die Notbremse ist. Setze dich auf einen Platz neben der Tür.

Sofort wehren Wenn dein Nebenmann dir zu nahe kommt, sage laut und deutlich: „Nehmen Sie Ihr Bein / Ihren Arm weg! Das ist mein Platz!" Lehnt der Mann sich zu dir herüber oder fasst dich an, wende ihm das Gesicht zu, sieh ihm direkt in die Augen und sage laut: „Hören Sie auf, mich anzufassen!" Lässt der Mann dich nicht in Ruhe, wendest du dich an den Fahrer oder an eine erwachsene Frau und bittest um Hilfe. Achte unbedingt darauf, ob der Mann dir beim Aussteigen folgt, notfalls steigst du sofort wieder ein und fährst eine Station weiter.

WENN MEHRERE Jungen oder Männer einsteigen und du dich in ihrer Gegenwart unbehaglich fühlst, steigst du bei der nächsten Möglichkeit aus. Zumindest stellst du dich neben eine Tür oder in die Nähe anderer Fahrgäste. Wirst du belästigt, mache den Angriff öffentlich und bitte andere Fahrgäste um Hilfe. Stelle dich hinter sie wie hinter einen Schutzwall.

Im Auto — nur mit Vorsicht!

Setze dich zu niemandem ins Auto, dem du nicht vollkommen vertraust. Wenn der Fahrer Alkohol getrunken oder Drogen genommen hat, fährst du in keinem Fall mit.

Bist du mit mehreren Jungen unterwegs, setze dich immer neben eine Tür. Wenn du mit einem Jungen allein unterwegs bist und er eine andere Strecke fährt als vorgesehen oder unerwartet einen Zwischenstopp bei sich zu Hause einlegen will, solltest du möglichst rasch aussteigen.

So kommst du heraus

Wenn der Junge dich nicht aussteigen lässt, probierst du, vor einer roten Ampel herauszukommen. Der beste Zeitpunkt ist, wenn die Ampel von Rot auf Gelb springt, weil er dann mit Schalten und Anfahren beschäftigt ist. Ist keine Ampel an der Strecke, drehst du das Fenster herunter, lehnst dich hinaus und schreist laut um Hilfe. Wirf den Inhalt des Handschuhfachs aus dem Fenster. Vielleicht ist darunter auch etwas, das du als Waffe verwenden kannst. Behalte es zurück und verteidige dich damit. Lehne dich mit dem Rücken an die Beifahrertür und tritt mit beiden Füßen nach dem Fahrer. Versuche an die Hupe oder den Zündschlüssel heranzukommen oder greife ins Lenkrad. Sobald er anhält, rennst du davon und schreist um Hilfe.

Im Aufzug — ausgeliefert?

Ein Aufzug ist ein enger, abgeschlossener Raum. Klar, dass viele Mädchen Angst haben, darin angegriffen zu werden. Steige am besten gar nicht erst ein, wenn nur Männer oder Jungen in der Kabine sind. Ist dir eine Person, die zusteigt, nicht geheuer, steig aus. Dasselbe gilt, wenn ein Junge oder Mann den Knopf fürs Dachgeschoss, für den Keller oder die Tiefgarage drückt. Will dich jemand gewaltsam in einen Aufzug zerren, setz dich mit allen Mitteln zur Wehr.

Stehst du mit anderen in der Kabine und es fasst dich jemand an, mache sein Verhalten öffentlich. Sage: „Der Junge/ Mann hier fasst mich an!" Bist du allein mit einem Mann im Aufzug, stellst du dich ihm gegenüber (wende ihm auf gar keinen Fall den Rücken zu). Sobald er einen Schritt auf dich zugeht, sagst du laut: „Lassen Sie mich in Ruhe!" Greift er dich an, drücke den Knopf für die nächste Etage, schreie und kämpfe. Springe aus der Kabine, sobald die Tür aufgeht.

ÜBERGRIFF IM AUFZUG

Der sicherste Platz in einem Fahrstuhl ist in der Nähe der Tür und der Bedienungsknöpfe. Sollte es tatsächlich zu einem Übergriff kommen, drück sofort den Knopf für die nächste Etage, damit der Aufzug so schnell wie möglich anhält.

Drücke jedoch auf keinen Fall den Nothalteknopf! Dieser Knopf stoppt den Aufzug zwar sofort, aber du läufst Gefahr, mit dem Angreifer zwischen zwei Stockwerken stecken zu bleiben.

Öffentliche Telefonzellen

Sieh dich erst um, bevor du eine Telefonzelle betrittst. Halte stets dein Geld oder die Telefonkarte bereit und achte während des Telefonierens auf die Umgebung. Am Abend solltest du beim Verlassen einer Zelle besonders aufmerksam sein, denn deine Augen müssen sich erst wieder an die Dunkelheit gewöhnen. Bei einem Angriff schreist du laut und wehrst dich mit Schlägen und Tritten. Versuche wieder den Telefonapparat zu erreichen und rufe die Polizei an.

110

Kinos — dunkel und ungeschützt?

Das Kino scheint manchem Angreifer ein idealer Ort, um sich im Schutz der Dunkelheit unbemerkt an ein Mädchen heranzumachen. Bevor du dir einen Platz suchst, schaust du, wer alles in der Nähe sitzt.

„Kein Platz frei!"

Will sich ein Junge oder Mann neben dich setzen, kann das bereits der Beginn eines Angriff sein. Er setzt sich über deine Grenzen hinweg und dringt in deinen persönlichen Raum ein. Sind noch genügend andere Plätze frei, lass auf keinen Fall zu, dass er sich neben dich setzt. Am besten legst du deine Jacke und deinen Rucksack auf die Plätze links und rechts neben dir und sagst: „Die beiden Plätze sind besetzt." Mit dieser Reaktion gibst du ihm zu verstehen, dass du kein leichtes Opfer bist. Lässt der Mann nicht locker, stehe auf und suche dir einen anderen Platz. Wenn doch einmal ein Mann direkt neben dir sitzt und dich anfasst, stehe auf und rufe laut in den Saal: „Der Mann hier hat mich angefasst!" Beschwere dich beim Kinopersonal und fordere, dass der Mann hinausgeworfen wird.

Schwimmbäder, Badeseen und Strände

Das Wasser bietet dem Angreifer einen gewissen Schutz, wenn er sich einem Mädchen nähert. Achte deshalb darauf, wer sich im Wasser in deiner Nähe befindet, und lass niemanden zu nahe herankommen. Fasst dich jemand an, reagiere sofort. Sage dem Betreffenden, er solle damit aufhören.

Auch scheinbar zufällige Berührungen, zum Beispiel während ein Junge dich untertaucht oder nass spritzt, brauchst du nicht hinzunehmen, wenn sie dir unangenehm sind. Natürlich wehrst du dich auch sofort, wenn ein Junge dir unter Wasser das Bikinioberteil aufmachen oder den Slip herunterziehen will. Nenne sein Verhalten beim Namen und sage ihm, er solle sofort damit aufhören. Lässt er dich daraufhin nicht in Ruhe, informierst du den Bademeister.

EXHIBITIONISTEN

Männer, die in der Öffentlichkeit ihre Geschlechtsteile entblößen, sind alles andere als harmlos. Ihnen geht es darum, einzelne Mädchen oder Frauen zu erschrecken und Schamgefühle auszulösen. Dabei wollen sie aber nicht von anderen gesehen werden. Wenn sich also ein Exhibitionist vor dir entblößt und Menschen in der Nähe sind, rufe laut: „Der Mann hier zeigt seinen Penis!" Damit durchkreuzt du seinen Plan. Bist du allein, schreie und renne davon. Melde den Vorfall der Polizei. In öffentlichen Verkehrsmitteln informierst du den Fahrer oder wendest dich an eine erwachsene Frau.

Meide einsame Strände

An einsam gelegenen Seen oder in unbelebten Strandbereichen solltest du dich nicht aufhalten. Achte darauf, dass du beim Sonnenbaden nicht einschläfst, es sei denn, du bist mit guten Freunden zusammen oder befindest dich inmitten vieler anderer Badegäste auf der Liegewiese.

Wenn ein Junge oder ein Mann dich fortwährend anstarrt, seine Geschlechtsteile entblößt oder zu onanieren beginnt, mache sein Verhalten öffentlich und melde es dem Bademeister.

Gemeinsam
seid ihr stark

Solidarität unter Mädchen

In gefährlichen Situationen ist es eine große Hilfe, wenn du weißt, dass du auf deine Freundinnen zählen kannst. Sprich mit ihnen über das Thema Selbstverteidigung. Überlegt gemeinsam, wie ihr in unklaren oder gefährlichen Situationen handeln könnt. Macht einen Plan, wie ihr reagieren könnt, wenn ihr auf der Straße angemacht werdet, einem Exhibitionisten gegenübersteht, von mehreren Jungen in die Enge getrieben werdet oder bei einer Party bemerkt, dass ein anderes Mädchen vergewaltigt werden soll.

Wenn ihr ausgeht

Vor dem Ausgehen vergewissert ihr euch, dass jede genau weiß, wie sie nach Hause kommt. Vereinbart, dass ihr zusammenbleibt. Wenn ihr in die Disco, zu einer großen Raveparty, zu einem Straßenfest, in den Vergnügungspark oder zu einem Open-Air-Konzert geht, trefft euch zu bestimmten Uhrzeiten an einer bestimmten Stelle, falls ihr euch im Gewühl verlieren solltet. Macht einen Geheimcode aus, mit dem jede von euch signalisieren kann, dass sie sich unbehaglich fühlt. Du kannst zum Beispiel deine Freundinnen fragen: „Habt ihr schon die neue CD von Queen Latifah gehört?" Dann wissen die anderen, dass sie dich von dem Jungen, mit dem du gerade zusammen bist, loseisen sollen.

Kannst du dich auf sie verlassen?

Stelle dir vor, ihr würdet mit zwei Jungen losziehen und dir kämen Zweifel an deren Absichten. Kannst du dann auf deine Freundin zählen, wenn du aus dem Auto aussteigen willst? Und wenn ihr auf einer Party plötzlich die einzigen Mädchen seid – kannst du dich darauf verlassen, dass deine Freundin mit dir zusammen die Party verlässt, auch wenn sie sich noch wohl fühlt? Sprecht miteinander und klärt, wie ihr euch verhalten würdet. Ihr könnt euch besser wehren, wenn ihr zusammen seid. Allerdings müsst ihr euch einig sein und euch aufeinander verlassen können.

Was ist, wenn?

Wenn ihr zu zweit ausgeht, überlegt vorab, wie ihr mit bestimmten Situationen umgehen wollt. Was macht ihr, wenn die eine mit einem Jungen losziehen möchte? Oder wenn eine nach Hause, die andere aber noch bleiben will? Was ist, wenn eine von euch zu viel getrunken oder Drogen genommen hat? Sage deiner Freundin, was du in diesen Fällen tun würdest und was du von ihr erwarten würdest.

UNTERSTÜTZT

In der Disco forderte ein Junge Manya zum Tanzen auf. Sie lehnte höflich ab. Er versuchte sie zu überreden, doch sie blieb standhaft. Daraufhin wurde der Junge ausfällig und sagte: „Nun stell dich nicht so an, du arrogante Zicke!" Manya erwiderte: „Lass mich in Ruhe!" Ihre Freundin Natascha kam ihr zu Hilfe und sagte zu dem Jungen: „Du sollst sie in Ruhe lassen. Also verschwinde!"

Der Junge stellte sich zwischen die beiden und sagte zu Natascha: „Mit dir rede ich nicht, du Schlampe!" Dann drehte er sich um und fuhr fort, Manya anzumachen. Natascha ließ sich nicht abwimmeln. Sie stellte sich wieder neben Manya und beide Mädchen sagten laut: „Lass uns in Ruhe! Verschwinde!" Der Junge merkte, dass er nichts ausrichten konnte, und zog wütend ab.

Wehrlose Opfer?

Den Angreifer kümmert es nicht, wer sein Opfer ist. Er versucht es
einfach, bis er ein wehrloses Mädchen findet. Wenn Mädchen
einander unterstützen, ist ihre Gegenwehr viel wirkungsvoller und
sie können den Angreifer in seine Grenzen verweisen.

MERK DIR ALLES

Wenn du siehst, wie ein anderes Mädchen angegriffen oder belästigt wird, greife ein oder laufe los und schreie um Hilfe. Wenn du den Angreifer nicht kennst, versuche dir möglichst viele Einzelheiten einzuprägen: Haut-, Haar- und Augenfarbe, Frisur und Bart, Größe, Statur und Kleidung. Hat er ein Auto dabei, merke dir den Typ, die Farbe und das Kennzeichen. All dies kann zur Identifizierung dienen.

GERETTET

Die elfjährige Nadine hatte einen Selbstverteidigungskurs besucht. Eines Tages kam sie früher als geplant nach Hause und sah, wie ihre jüngere Schwester Yolanda von ihrem Stiefvater in dessen Bett belästigt wurde. Nadine schrie ihren Stiefvater zornig an, zerrte Yolanda aus seinem Bett und brachte sie in ihr gemeinsames Zimmer. Anschließend rückte sie Möbel vor die Tür, damit der Stiefvater nicht hereinkonnte. Yolanda war vollkommen verstört und verängstigt, Nadine dagegen war wütend und fest entschlossen, sie zu schützen und etwas zu unternehmen. Als ihr Stiefvater zur Arbeit gegangen war, ging sie mit ihrer Schwester zum Jugendamt und meldete den Vorfall.

Gemeinsam wehren

Wenn du zusammen mit einer Freundin in eine Situation gerätst, in der ihr euch gemeinsam wehren müsst, feuert euch gegenseitig an: „Gib ihm eins drauf!" – „Kratz ihm die Augen aus!" – „Tritt ihn in die Eier!" Haltet euch beim Weglaufen an den Händen fest. Bekommt er eine von euch zu fassen, sollte die andere sofort losrennen und Hilfe holen.

Hat der Angreifer deine Freundin in seiner Gewalt und will dich zum Mitkommen zwingen, steige auf keinen Fall mit ins Auto. Renne davon und hole Hilfe. Zögere nicht aus falsch verstandener Loyalität. Es hilft weder dir noch deiner Freundin, wenn der Angreifer euch beide hat.

Wenn alle wegschauen

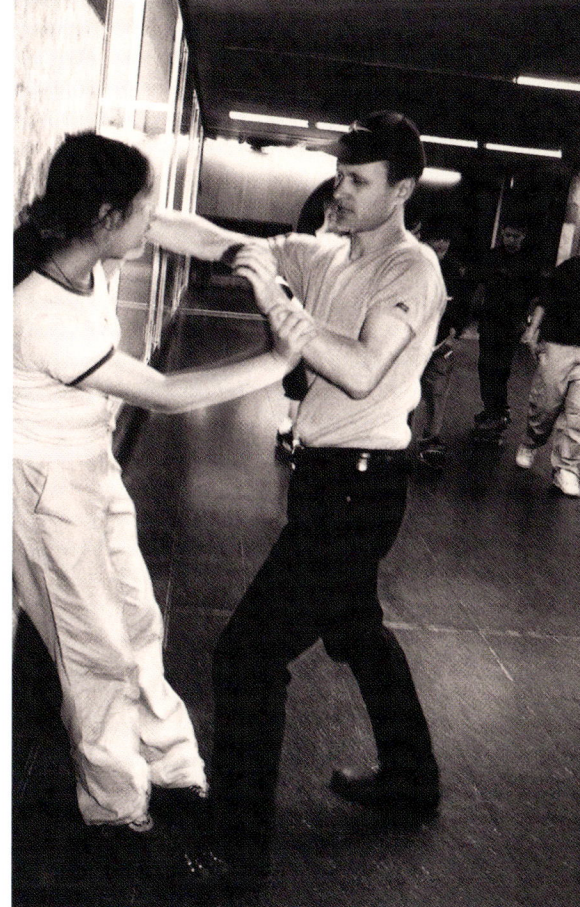

Manche Angriffe finden in aller Öffentlichkeit statt. Andere Leute schauen zu, aber keiner greift ein. Dabei wäre der Angreifer leicht zu überwältigen, wenn die Umstehenden gemeinsam gegen ihn vorgehen würden. Wenn du so etwas erlebst, motiviere die anderen Leute zum Handeln. Nimm die Sache in die Hand und gib Anweisungen wie: „Steht hier nicht rum, tut was! Los, wir umzingeln jetzt den Angreifer! Du da, hol die Polizei! Ich zähle jetzt bis drei, dann schnappen wir ihn uns." Selbst wenn keiner reagiert, bekommt der Angreifer doch mit, was du sagst, und wird unsicher. Traust du dich nicht, allein einzugreifen, laufe rasch zum nächsten Telefon, Geschäft oder Taxi und benachrichtige die Polizei.

Deine Freundin braucht dich

Anzeichen, wie ...

... Niedergeschlagenheit, Schlaflosigkeit, Albträume, Veränderungen im Essverhalten bis hin zu Essstörungen, kein Interesse mehr an Hobbys, Weinkrämpfe, Angst vor bestimmten Orten (Schule, Sporthalle) oder Angst nach Hause zu gehen, können auf Missbrauch hindeuten.

Ihr braucht Unterstützung

Egal, ob deine Freundin von einem Familienmitglied missbraucht wird oder von einem Fremden vergewaltigt wurde – sie muss möglichst rasch mit einer erwachsenen Person sprechen, die ihr in dieser Situation helfen kann. Das kann eine Lehrerin, Verwandte oder andere Person sein. Oder sie wendet sich an eine Beratungsstelle. Kann oder will sie sich aus Angst und Scham niemandem anvertrauen, musst du für sie handeln. Wende dich an deine Mutter oder eine andere erwachsene Person, der du vertraust. Auch wenn deine Freundin hinterher wütend auf dich ist – du tust damit das Richtige! Sprich aber ansonsten mit keinem Menschen darüber, auch nicht mit anderen guten Freundinnen. Es ist allein die Entscheidung deiner Freundin, wem sie – wenn überhaupt – etwas sagen will. Auf jeden Fall sollte deine Freundin unbedingt eine Ärztin aufsuchen. Eventuell braucht sie auch psychologische Unterstützung.

Wenn eine deiner Freundinnen sich mit einem Problem herumquält, über das sie nicht spricht, könnte es durchaus sein, dass sie Opfer sexueller Gewalt geworden ist. Dann musst du ihr helfen. Gib ihr zu verstehen, dass du für sie da bist und ihr helfen willst.

Und wenn etwas
passiert ist ...

Wenn du Opfer von Missbrauch in der Familie bist

Mache dir klar, dass du die schreckliche Situation nur beenden kannst, wenn du über das Geschehen sprichst. Habe Mut!

DER ERSTE SCHRITT

Es ist sehr schwierig, den ersten Schritt zu tun und das Schweigen zu brechen. Wenn es dir leichter fällt, rufe anonym bei einer Beratungsstelle an. Man sagt dir, welches deine Rechte sind und was voraussichtlich passieren wird, wenn du den Missbrauch öffentlich machst. Auch wenn dir die Konsequenzen schlimm erscheinen: Es ist immer besser, etwas zu tun, als den Missbrauch einfach hinzunehmen. Wenn du erst einmal von dem Druck befreit bist, kannst du dein Leben bald wieder genießen.

Du musst dich unbedingt an eine erwachsene Person, zu der du Vertrauen hast, wenden. In manchen Fällen kann eine Verwandte, die nicht im Haushalt lebt (zum Beispiel eine Tante oder die Großmutter), helfen. Oder du wendest dich an eine Vertrauenslehrerin, den Pfarrer, die Hausärztin oder die Mutter einer guten Freundin. Du kannst dich auch an eine Beratungsstelle für Vergewaltigungsopfer wenden.

BERATUNGSSTELLEN

Am besten wendest du dich an eine von Frauen geleitete Beratungsstelle wie Wildwasser (Adressen siehe Anhang). Dort werden Mädchen und Frauen von geschulten Mitarbeiterinnen betreut, die zum Teil selbst einmal Opfer sexueller Gewalt waren. Wenn du in deinem Wohnort und in der nächsten Umgebung keine solche Anlaufstelle kennst, schaust du im Telefonbuch nach, oder rufst die Auskunft an. Oder du suchst im Veranstaltungsteil der Zeitung nach Hinweisen auf solche Einrichtungen; sie halten meist regelmäßige Zusammenkünfte ab. Bei Mädchentreffs arbeiten oft Betreuerinnen, die Erfahrung im Umgang mit Opfern sexueller Gewalt haben. Auch im Frauenhaus kannst du anrufen. Hilfe bekommst du außerdem von kirchlichen Stellen wie dem Diakonischen Werk, dem Caritasverband oder bei staatlichen Einrichtungen wie dem Jugendamt.

Deine Mutter

Wenn deine Mutter weiß, dass du missbraucht wirst, aber nicht
eingreifen kann oder will, brauchst du unbedingt Rat und Hilfe
von außen. Ahnt deine Mutter nichts, ist es für dich leichter, mit
ihr zu sprechen, wenn dir eine erfahrene Beraterin beisteht.
Für deine Mutter bedeutet es einen schweren Schock zu erfahren,
dass ihre Tochter vom eigenen Ehemann oder Freund missbraucht wurde. Ihr Vertrauen in den Partner ist tief erschüttert
und sie fühlt sich von ihm hintergangen. Hinzu kommt, dass
sie sich Vorwürfe macht, weil sie den Missbrauch nicht erkannt
und verhindert hat. Sie fragt sich, warum die Tochter ihr nichts
erzählt hat, und leidet unter heftigen Schuldgefühlen. In dieser
Situation haben viele Mütter das Gefühl, den Boden unter den
Füßen zu verlieren: die Familie zerbrochen, die Sorge um das Kind,
der Vertrauensmissbrauch des Partners, die Angst vor der Zu-
kunft und nicht selten das Unverständnis der Umwelt. Um all
diese Probleme zu verarbeiten, brauchen betroffene Mütter meist
selbst Hilfe.

THEMA
Vergewaltigt – was nun?

Erstes Gebot: Sicherheit

Nach einer Vergewaltigung ist es am wichtigsten, dass du dich in Sicherheit bringst. Sobald du dem Angreifer entkommen kannst oder er dich gehen lässt, rennst du davon. Deine Sachen oder Kleider lässt du liegen, wo sie sind. Laufe zu einer belebten Straße, in einen Laden, zu den Nachbarn oder halte den Verkehr an. Je eher andere auf dich aufmerksam werden, desto schneller bist du in Sicherheit.

Schockzustand

Wenn die direkte Gefahr vorüber ist, solltest du zu Hause oder bei einer Freundin anrufen, damit jemand kommt und dir hilft. Viele Mädchen stehen unter Schock und wollen das Geschehene nicht wahrhaben. Manche versuchen damit fertig zu werden, indem sie ihre Gefühle ausblenden: Sie wirken ruhig, cool und distanziert. Andere lassen ihren Gefühlen freien Lauf: Sie weinen, schreien und toben. Wieder andere haben jähe Stimmungswechsel und fallen von einem Extrem ins andere. Das Allerwichtigste aber ist, dass du deine Gefühle nicht dauerhaft unterdrückst, sondern über das Erlebte sprichst.

EIN PATENTREZEPT,

wie man mit den Folgen einer sexuellen Gewalttat am besten umgeht, gibt es leider nicht. In jedem Fall ist es aber wichtig, darüber zu sprechen und das Erlebte nicht zu verdrängen. Manchen Mädchen hilft es, wenn sie sich einer Selbsthilfegruppe anschließen. Andere finden ihr Gleichgewicht wieder, wenn sie an einem Selbstverteidigungskurs teilnehmen.

Sprechen – mit wem?

Am besten sprichst du zuerst mit einer verlässlichen gleichaltrigen oder älteren Freundin. Mit ihr an deiner Seite vertraust du dich einem Erwachsenen an. Das ist wichtig, denn du brauchst Hilfe, um die Folgen der Vergewaltigung zu verarbeiten. Außerdem kann der Täter nur so gefasst werden.

Die Eltern müssen es wissen

Deinen Eltern kannst du eine Vergewaltigung kaum verheimlichen. Und das solltest du auch nicht. Sie merken, dass etwas nicht stimmt. Sage, was passiert ist, auch wenn du Angst hast, sie könnten dir die Schuld geben und sagen: „Das hast du nun davon!" Sie lieben dich und werden dir helfen. Für Eltern ist es ein Schock zu erfahren, dass ihre Tochter vergewaltigt wurde. Sehr wahrscheinlich bekommen sie Schuldgefühle. Sie meinen als Eltern versagt zu haben und machen sich Vorwürfe, weil sie dich nicht besser beschützt haben. Es kann durchaus vorkommen, dass sie in ihrer Besorgnis überreagieren. Dann kann ein gemeinsames Gespräch mit der Mitarbeiterin einer Beratungsstelle für Vergewaltigungsopfer helfen.

Dein Freund

wird vermutlich vor Wut auf den Täter außer sich sein. Wenn ihr bereits eine sexuelle Beziehung miteinander hattet, muss dein Partner sich darauf einstellen, dass du eventuell eine Zeit lang nicht mehr mit ihm intim sein willst. Eine Vergewaltigung ist eine traumatische Erfahrung, die du nur allmählich verarbeiten kannst. Auch dein Freund muss sich erst einmal mit seinen eigenen Gefühlen auseinander setzen. Anschließend sollte er sich bei einer Beratungsstelle informieren, wie er dich am besten unterstützen kann.

FREUNDINNEN

können eine wichtige Hilfe für dich sein, aber das ist nicht immer so. Kennen sie den Täter als netten Freund oder Bekannten, glauben sie dir eventuell nicht. Es kann auch passieren, dass sie dich für alle Zeiten als „die, die vergewaltigt worden ist" abstempeln. Das ist sehr verletzend. Wäge deshalb sorgfältig ab, wen du ins Vertrauen ziehst und wen nicht.

Anzeigen oder nicht?

Wenn die Polizei nicht ohnehin schon geholt wurde, musst du entscheiden, ob du Anzeige erstatten willst oder nicht. Wenn du noch nicht volljährig bist und die Polizei anrufst, werden deine Eltern benachrichtigt. Die Entscheidung muss schnell getroffen werden, wenn auch nicht unbedingt sofort nach der Vergewaltigung. Je früher der Fall angezeigt wird, desto glaubhafter erscheint er und desto leichter lassen sich Beweise sichern und Zeugen finden. Wichtig ist, dass du selbst diese Entscheidung triffst. Lass nicht zu, dass jemand anderes für dich entscheidet.

JA, ICH MACH'S!

Das spricht dafür

Etliche stichhaltige Gründe sprechen für eine Anzeige:

• Der Vergewaltiger sollte für seine Tat zur Rechenschaft gezogen und bestraft werden;
  • er kann während der Haft keine weiteren Vergewaltigungen begehen;
  • für das Opfer ist die Anzeige und Strafverfolgung eine Art Genugtuung.

ZUR POLIZEI

gehst du keinesfalls allein, sondern in Begleitung einer (möglichst älteren) Freundin, eines Familienmitglieds, einer Anwältin oder einer Betreuerin von der Beratungsstelle für Vergewaltigungsopfer. Du solltest dir darüber im Klaren sein, ob du vor der Begleitperson aussagen willst.
Auf vielen Polizeirevieren gibt es inzwischen weibliche Beamte, die sich ausschließlich mit Fällen sexueller Gewalt beschäftigen. Bitte darum, mit solch einer Polizistin sprechen zu können.
Notiere dir möglichst bald nach dem Überfall alle Einzelheiten, an die du dich erinnerst. Die Notizen dienen dir als Gedächtnisstütze, wenn du später vor Gericht aussagen musst.

Das macht es nicht leicht

Die Polizei kann sehr bürokratisch und unpersönlich sein. In dieser Atmosphäre fällt es schwer, sofort nach dem Vorfall ausführlich darüber zu sprechen. Das Gerichtsverfahren selbst wird oft als Spießrutenlaufen empfunden. Für viele Mädchen ist es gefühlsmäßig sehr belastend, wenn intime Einzelheiten öffentlich zur Sprache kommen. Aus diesen Gründen sehen manche Mädchen von einer Anzeige ab.

In der Klinik

Auf jeden Fall solltest du dich nach einer Vergewaltigung möglichst
umgehend ärztlich untersuchen lassen. Wenn du dich für eine
Anzeige entscheidest, darfst du dir nach dem Überfall weder die
Hände waschen noch duschen oder die
Kleidung wechseln. Körperhaare, Sperma,
Blut oder Hautfetzen müssen als Beweise
gesichert werden. Am besten gehst du
nicht allein zur Untersuchung in die Klinik,
sondern mit einer dir nahe stehenden Frau.

WENN DIE MÖGLICHKEIT einer Schwangerschaft besteht, kann die Ärztin dir ein Medikament geben, das einen sofortigen Abbruch zur Folge hat.

Die Untersuchung

In der Klinik solltet ihr in einem separaten
Raum warten können. Falls du lieber von einer Frau als von
einem Mann untersucht werden möchtest, kannst du das sagen.
Wenn du noch nie zuvor gynäkologisch untersucht worden bist,
sage das der Ärztin.
Sie wird dir dann genau erklären, was sie tut. Eine Untersuchung ist im Allgemeinen nicht schmerzhaft, aber so kurz nach
einer Vergewaltigung empfindest du sie wahrscheinlich als
unangenehm.
Du musst dich auf einen gynäkologischen Stuhl setzen und deine
Beine gespreizt auf Stützen legen. Die Ärztin führt ein Instrument, ein Spekulum, in die Scheide ein. Das Spekulum hält die
Scheide ein Stückchen offen, sodass die Ärztin mit Wattetupfern Proben nehmen kann. Diese Proben werden anschließend auf
Sperma und auf Erreger bestimmter Geschlechtskrankheiten
untersucht.

Tests

Später folgen noch verschiedene andere Tests (Bluttests auf weitere Geschlechtskrankheiten und Aids). Lass dir von der Ärztin
aufschreiben, wann du dich wo zu welchen Nachuntersuchungen
und Tests einfinden sollst. Sie kann dir auch erklären, auf welche Weise du die Testergebnisse bekommst.

Trauer, Wut und Ängste

Sexuelle Übergriffe innerhalb und außerhalb der Familie sowie
Vergewaltigungen sind traumatische Ereignisse. Genau wie
ein Flugzeugabsturz oder ein Krieg hinterlassen sie Spuren. Das
Opfer kann beispielsweise unter Albträumen, plötzlich auftau-
chenden Erinnerungen oder unkontrollierbaren Angst- und Panik-
anfällen leiden. Andere Mädchen distanzieren sich jahrelang
von dem Vorfall, bis er schließlich durch irgendeinen Auslöser
wieder ins Bewusstsein kommt. Auch Inzestopfer verdrängen die
Erinnerung oft über Jahre hinweg. Kurz gesagt: Jedes Mädchen
reagiert anders, je nach Persönlichkeit, Erfahrungen und Umfeld.

Es gibt einen Ausweg!

Die Mitarbeiterinnen von Beratungsstellen für Vergewaltigungsopfer haben auch auf diesem Gebiet Erfahrung. Sie können dir
helfen, dein seelisches Gleichgewicht wieder zu finden. Wenn
ein Mädchen Opfer einer Vergewaltigung geworden ist, bedeutet
das nicht, dass sie unbedingt in eine Therapie muss oder über
lange Zeit intensive Betreuung braucht. Es kann aber sehr hilfreich
sein, mit anderen zu sprechen, die Ähnliches erlebt haben.

Adressen

**Frauenselbstverteidigungs-
und Kampfkunstschule**
Lenaustr. 33
60318 Frankfurt
Tel.: 069/59 79 45 90
Fax: 069/59 79 45 91
E-Mail:
Sunny@MasterTours.com
Hier werden auch Lehrerinnen
und Kurse in Deutschland
und Europa vermittelt, die nach
dem von Sunny Graff ent-
wickelten Selbstbehauptungs-
und Selbstverteidigungs-
konzept „Jedes Mädchen kann
sich wehren!" unterrichten.

**Frauen in Bewegung –
Taekwondo und Selbst-
verteidigung e. V.**
Gaußstr. 12
60316 Frankfurt
Tel./Fax: 069/4 95 07 10
E-Mail: fib@deutschland.de
Internet: www.fib.deutsch-
land.de
Vermittlung von Selbstver-
teidigungskursen und Lehre-
rinnen

**Hessisches Koordinationsbüro
für behinderte Frauen**
Kölnische Straße 99
34119 Kassel
Tel.: 05 61/7 28 85-22
Fax: 05 61/7 28 85-29
Informationen über Lehrerin-
nen und Kurse

**Bell Zett
Selbstverteidigungs- und
Bewegungszentrum für Frauen
und Mädchen e. V.**
Sudbrackstr. 36a
33611 Bielefeld
Tel.: 05 21/12 21 09
E-Mail: Info@bellzett.de
Internet: www.bellzett.de
Vermittlung von Wendokursen

**In Nae
Frauenselbstverteidigung und
Kampfkunstschule e. V.**
Augartenstr. 1
76137 Karlsruhe
Tel.: 07 21/9 33 93 79
Fax: 07 21/9 33 93 78
E-Mail: innae@t-online.de
Ausbildung zur feministischen
Selbstverteidigungslehrerin

BERATUNGSSTELLEN UND NOTRUFE

In den meisten größeren Städten gibt es Beratungsstellen und Notrufe für vergewaltigte und misshandelte Mädchen und Frauen. Diese Stellen helfen auch in anderen Krisensituationen weiter. Auch an das Frauenhaus in deiner Stadt kannst du dich im Notfall wenden. Adressen findest du in deinem örtlichen Telefonbuch.

Hilfe findest du auch bei folgenden überregionalen Beratungsstellen:

Beratungsladen für Mädchen
Hackstr. 2
70190 Stuttgart
Tel.: 07 11/28 45 98

Wildwasser e. V.
Notruf für vergewaltigte
Mädchen
Mehringdamm 50
10961 Berlin
Tel.: 030/7 86 50 17
Internet: www.wildwasser.de

Zartbitter e. V.
Sachsenring 2-4
50677 Köln
Tel.: 02 21/40 57 80
Internet: www.zartbitter.de

FEM Feministische
Mädchenarbeit
Hinter den Ulmen 19
60433 Frankfurt
Tel.: 069/51 91 71
Fax: 069/53 88 29

Sorgentelefon des Kinderschutzbundes
Liebenwalden Straße 35a
13347 Berlin
Tel.: 030/4 56 15 24

Kinder- und Jugendtelefon
der Arbeitsgemeinschaft
Kinder- und Jugendschutz
Hamburg
Tel.: 08 00/1 11 03 33

Bundesarbeitsgemeinschaft
Prävention & Prophylaxe
Postfach 1640
96306 Kronach
Tel.: 0 96 21/62 79 24
Internet: www.praevention.org

Initiative gegen Gewalt und
sexuellen Missbrauch an Kindern und Jugendlichen e. V.
Poststraße 18
56427 Siershahn
Tel.: 0 26 23/68 39

Ärztliche Beratungsstelle
gegen Vernachlässigung und
Missbrauch von Kindern e. V.
Deutscher Kinderschutzbund
Ernst-Rhein-Str. 53
33613 Bielefeld
Tel.: 05 21/13 08 13

Österreich

Kinderschutzzentrum
Rudolf-Biebel-Str. 50
5020 Salzburg
Tel.: 06 62/44 91 10

Kinderschutzzentrum
Pfarrgasse 8
4600 Wels
Tel.: 06 62/44 91 10

**Notruf und Beratung für
vergewaltigte Frauen**
Postfach 157
1070 Wien
Tel.: 02 22/93 22 22

**Notruf für vergewaltigte und
misshandelte Frauen**
Humboldtstr. 43
4020 Linz
Tel.: 070/60 22 00

Frauen gegen Vergewaltigung
(Notruf für vergewaltigte
Frauen)
Postfach 764
6021 Innsbruck
Tel./Fax: 05 12/57 44 16

Frauennotruf
Schillerstr. 29
8010 Graz
Tel.: 03 16/3 16 31 80 77

Schweiz

Mädchentreff
Zentralstr. 24
8003 Zürich
Tel.: 01/4 62 45 67

**Castagna
Beratungsstelle für sexuell
ausgebeutete Kinder, weib-
liche Jugendliche und in der
Kindheit betroffene Frauen**
Universitätsstr. 86
8006 Zürich
Tel.: 01/3 64 49 49
Internet: www.frauenbera-
tung.ch

Register